biography
8.5

승효상

©THREECHAIRS. 2016.

발행일 제1판 제1쇄 2016년 9월 29일 • **지은이** biography 편집부
펴낸이 이연대 • **책임편집** 이연대 • **편집** 허설 박소연 최다함 • **디자인** 이수민 이주미
사진 박준석 • **마케팅** 강민기 • **고문** 손현우 • **기획위원** 김윤성 심중선
도움 김태형 김혜진 유성훈 유지혜 이고은 이관석 정홍석 채동석 Isabelle Godineau
펴낸곳 주식회사 스리체어스 • **주소** 서울시 종로구 자하문로 269 3층
전화 02 396 6266 • **팩스** 070 8627 6266 • **이메일** contact@biographymagazine.kr
홈페이지 www.biographymagazine.kr
등록번호 종로 바00171 • **출판등록** 2014년 7월 17일
인쇄 스크린그래픽

ISSN 2383 7365
ISBN 979 11 86984 04 8 04080

biography

×

승효상

짓다

01 발행인의 글

건축가 승효상에 따르면
건축은 공간으로 구축되지만
시간으로 완성된다.
건축가는 공간을 만들고
장소가 되기를 바라며,
공간은 시간을 만나
비로소 장소가 된다.
결국 우리는 매일 건축한다.

버스에서 내리자 여름이 있었다. 팔월의 폭양에 눈앞이 어둑해졌다. 검게 번들거리는 아스팔트 위로 하얀 페인트를 뒤집어쓴 시외버스터미널이 서 있었다. 난전같이 어지러운 대합실을 헤집으며 터미널을 빠져나갔다. 택시 승강장 뒤로 모시 혼방 셔츠를 입은 당신이 보였다. 당신처럼 늙은 88오토바이는 잘만 달렸다. 발동기 소리가 요란해 당신이 하는 말을 거반 알아듣지 못했다. 들판 사이로 뻗은 길을 달리다 주유소 삼거리에서 우회전하면 음험한 시멘트 공장이 나타났다. 산허리를 돌아 내리막을 만나면 나는 당신 고샅에 엉덩이를 밀어 넣고 다리를 벌렸다. 바람에 실린 물비린내가 달짝지근했다. 수십 년 전에 물에 빠져 죽은 아이가 있다던 옥빛 저수지가 보이면 이내 당신 집이었다. 빨간 대문은 종일 열려 있었다. 시멘트를 처덕처덕 바른 마당에 도착하자 오토바이 배기통의 후끈한 열기가 새삼 종아리에 전해졌다. 대청에 매달린 시커먼 파리 끈끈이가 호기심을 끌었다. 임자 없는 건넌방에 문교부 시절의 개근상장이 걸려 있었다. 안방에 부록처럼 붙은 광은 한낮에도 음침했는데 사시사철 튀밥이 있었다. 토담 너머로 보이는 앞산 등성이가 좋았고, 가마솥에 소죽을 끓이는 나른한 냄새가 좋았다. 처마 끝을 내리긋는 빗물은 자연이 세운 열주였다.

당신이 한평생을 보내고 내가 한 시절을 지낸 그곳을 몇 해 전 다시 찾았다. 고속도로 요금소를 빠져나와 부러 시외버스터미널에 들렀다. 쪼그라든 풍선처럼 볼품없는 외관이었다. 개 한 마리 짖지 않았다. 초보 가능, 숙식 제공. 허리가 잘린 들판에 신발 공장의 공원工員을 구하는 현수막이 나부꼈다. 폐업한 시멘트 공장의 임도를 따라 서편으로 돌았다. 저수지는 졸아붙은 아욱국 같아서 더는 아이가 빠져 죽지 않을 터였다. 구옥은 방치하면 금세 망가진다며 숙부는 귀농한 40대 부부에게 집을 맡기었다. 빨간 대문은 여전히 용도가 분명하지 않았다. 쪽문을 지나 이곳에 살던 아무개의 혈육이라 말하고 허락을 얻어 집을 둘러보았다. 대청에 가벽이 들어서고 갑발하듯 비닐이 둘려 있었다. 외양간에는 황우 두 마리 대신 예초기와 농약 살포기가 자리했다. 여물 솥은 골동품상이 떼어 갔는지 눈알 빠진 얼굴처럼 움푹 팬 아궁이만 남았다. 울타리 너머로 보이는 앞산 영마루는 기억보다 한 뼘은 허룩했다. 저녁놀이 걸릴 턱이 없었다. 그제야 나는 실향했음을 깨달았다. 대처에 나가 살다 힘든 일이 있으면 나는 당신이 누운 자리를 찾았다. 얼마 전 아내와 함께 갔을 때는 당신 곁에 질경이와 꽃다지가 지천이었다. 당신이 즐겨 마시던 청주와 식혜, 과자 몇 봉지를 상석에 내려놓고 두 번 절했다. 무덤을 내려와 당신이 살던 집을 지나쳐 상경했다. 당신이 한평생을 보내고 내가 한 시절을 지낸 그곳은 아득한 기억과 테두리가 벗어진 사진 몇 장에만 남았다.

돌아보면 공간은 한 번도 같은 적이 없었다. 그곳이 변했거나 내가 변한 까닭이다. 등 뒤로 해진 소매를 숨기게 했던 전학생의 이층 양옥집은 편의점과 커피숍이 되었고, 적갈색 피부에 이목구비가 뚜렷한 그리스인을 닮았던 옛 서울역은 퇴락한 귀족이 되었다. 변해 버린 공간 속에 기억만이 남았다. 이번 호에서는 땅과 사람의 흔적을 담는 건축가 승효상을 만났다. 승효상에 따르면 건축은 공간으로 구축되지만 시간으로 완성된다. 건축가는 공간을 만들고 장소가 되기를 바라며, 공간은 시간을 만나 비로소 장소가 된다. 결국 우리는 매일 건축한다.

바이오그래피의 내용과 형식을 허물고 다시 지었다. 세상에 널리 알려진 인물에게 덧씌워진 신념에 가까운 감각을 해체하겠다던 2년 전 다짐과 여덟 번의 실패를 떠올렸다. 개편 원칙은 하나였다. 판단은 독자가 내린다. 이번 호부터 인터뷰를 길게 싣고 인터뷰어의 개입을 최대한 제한했다. 읽는 재미는 덜하지만 전보다 사실에 가까운 진술이 되리라 믿는다.

발행을 며칠 앞두고 승효상 선생에게 연락을 받았다. 선생은 단출한 구성을 요구했다. 선생의 뜻이 완고해 준비한 내용의 상당 부분을 감하거나 없앴다. 서운한 마음이 없지 않았으나 부실한 도면을 설계한 우리의 부덕이라 여긴다. 다음 호부터 더욱 충실한 내용으로 독자들께 보답하겠다. 미완한 이번 호를 발행하지 않을까도 했지만, 승 선생과 교통한 시간을 기억하기 위해 8.5호로 펴낸다. 그래도 알맹이는 여기 남아 있다. **b**

차례

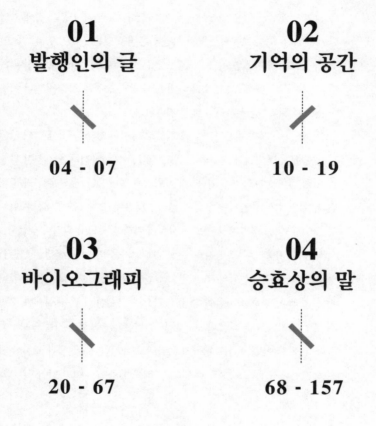

01
발행인의 글

04 - 07

02
기억의 공간

10 - 19

03
바이오그래피

20 - 67

04
승효상의 말

68 - 157

05

이로재

158 - 167

06

빈자의 미학

168 - 191

07

수졸당

192 - 201

08

말과 글

202 - 207

02 기억의 공간

건축가에게 유년의 집은 공간 감각의
원형이다. 6·25 전쟁 때 피란한
여덟 가구가 모여 살던 부산 집부터
UFO를 봤던 집, 누님이 시집간 집,
1971년 상경해 얻은 휘경동
하숙집까지 승효상의 스케치북에
담긴 유년의 공간들을 살펴본다.

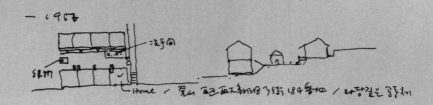

모든 땅에는

과거의 기억이 손금과 지문처럼

남아 있다.

우리 모두에게

각자 다른 지문^{指紋}이 있듯이

모든 땅도 고유한 무늬^{地紋}를

가지고 있다.

더러는 자연의 세월이

만든 무늬이며,

더러는 그 위에 우리의 삶이

연속적으로 새긴 무늬이다.

이는 우리가 땅에 쓴

우리 삶의 기록이며

이야기이다.

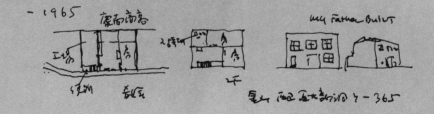

따라서 땅은 장대하고

존엄한 역사서이며,

그래서 귀하고도 귀하다.

이를 지문地文. landscript

이라고 하자.

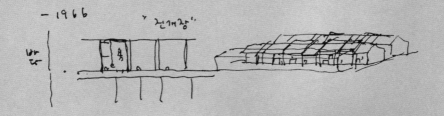

이 지문은 끊임없이 변하는

생명체이며

스스로 무엇을 덧대어 달라고

요구하는 기운체이다.

혼도 있고 정신도 있으며

심지어 말하기도 한다.

— 1967

따뜻했고 집 but
too short memory

따라서

수잔 랭어^{Susanne K. Langer}의 말처럼

"장소의 특성을 시각화하는

우리의 건축 행위"는,

그 장구한 역사를 체험해

온 땅이 새롭게 요구하는 말을

경청하는 것으로 시작해야 한다.

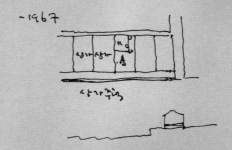

온갖 예의를 갖추어

그 경이로운 언어를

들추어내고 깊이 사유하여,

새로운 시어를 그 위에

겸손히 지어 덧대는 일이

건축이다.

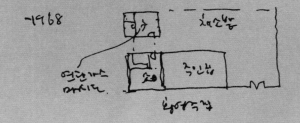

건축은 결국

무너질 수밖에 없다.

아무리 세운 자의

영광을 만세에

기리기 위해

기념비적 건축이

세워졌어도.

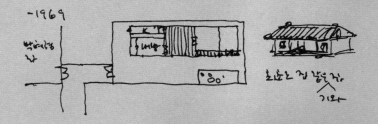

혹은 가진 자의 위세를

과시하기 위해

온갖 기술적 성취를 이루며

하늘 높이 솟았다 하더라도,

우리 인간이 죽을 수밖에

없는 것처럼 그 건축도

결국은 중력의 법칙을

이겨낼 수 없다.

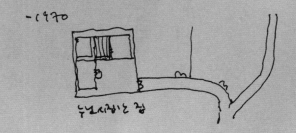

남는 것은 오로지

우리가 거기에 있었다는

기억뿐이다.

그것만이

구체적 진실이 된다.

승효상,《지문地文. landscript》, 2009.

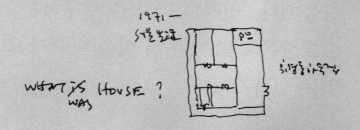

03 바이오그래피

승효상은 1952년 부산에서 태어났다.
서울대학교 건축학과를 졸업하고
김수근 선생 문하에서 15년을
보냈다. 1989년 건축 사무소 이로재
를 설립했다. 수졸당, 수백당,
웰콤시티, 노무현 대통령 묘역 등을
설계했다. 파주출판도시 코디네이터,
초대 서울시 총괄 건축가로
활동했다. '빈자의 미학'을 추구하는
승효상은 건축이 우리 삶을 바꾼다고
믿는 건축가이다.

"학교와 대구일보사로 맥 빠진 채 나다니던 4월 하순 어느 날, 나는 마당 깊은 집의 그 깊은 안마당을 화물 트럭에 싣고 온 새 흙으로 채우는 공사 현장을 목격했다. 내 대구 생활 첫 일 년이 저렇게 묻히고 마는구나 하고 나는 슬픔 가득 찬 마음으로 그 광경을 지켜보았다. 굶주림과 설움이 그렇게 묻혀 내 눈에 자취를 남기지 않게 된 게 달가웠으나, 곧 이층 양옥집이 초라한 내 생활의 발자취를 딛듯 그 땅에 우뚝 서게 될 것이다."

김원일, 《마당 깊은 집》, 문학과지성사, 1991.

승효상은 1952년 부산에서 태어났다. 6·25 전쟁이 터지자 기독교 신자였던 양친은 종교의 자유를 찾아 월남했다. 평안북도 정주를 떠나 부산에 터를 잡았다. 마당 깊은 집에 피란한 여덟 가구가 모여 살았다. 변소와 우물이 있는 기다란 마당은 날마다 법석이었다. 아침이면 변소 앞에 줄이 섰고, 저녁이면 밥 짓는 연기가 피어올랐다. 한낮에는 갈 곳 없는 아이들이 마당을 밟았다. 여섯 살 터울인 누나는 승효상을 업고 마당을 돌았다. 부산시 서구 서대신동 3가 184번지. 승효상이 기억하는 첫 번째 공간이다. 서대신동 달동네는 승효상의 공간 개념과 조형 의식의 원류가 된다.

일곱 살 때 아버지는 손수 집을 지었다. 집 옆에 교회가 있었다. 교회 마당은 자연히 승효상의 놀이터가 되었고, 교회당의 작은 방은 공부방이 되었다. 신심이 두터웠던 부모님은 절제와 검박을 강조했다. 어려서부터 승효상은 칼뱅이슴을 체화했고 신과 영성에 관한 문제에 골몰했다.

아버지는 사업 수완이 좋았다. 미군 전투 식량인 시레이션$^{C\text{-ration}}$ 박스를 구해서 별의별 가공식품을 만들었다. 그 안에 커피가 있으면 다른 재료를 혼합해 커피처럼 만들어 팔았다. 쇠고기 통조림도 유통시켰다. 그림에 소질이 있던 승효상은 아버지가 만든 통조림에 소머리표 라벨을 그려 붙였다.

중학교에 진학하면서 아버지의 사업이 기울었다. 수업료가 밀려서 수업 시간에 쫓겨나는 일이 많았다. 부모님이 걱정할까 봐 곧장 귀가하지 않고 송도 앞바다를 서성였다. 아예 바닷가로 등교한 날도 있었다. 학교 도서관 사서가 그러지 말고 도서관에 와서 책이라도 읽으라고 했다. 덕분에 학교 도서관에 있던 책은 거의 다 읽었다. 이해가 되지 않아도 집히는 대로 읽었다. 도스토옙스키의 《카라마조프가의 형제들》, 샬롯 브론테의 《제인 에어》, 에밀리 브론테의 《폭풍의 언덕》, 알베르 카뮈의 《이방인》 같은 책들이었다.

중학생 때까지는 나름 모범적인 기독교 신자였다. 고등학교에 입학한 뒤 사춘기가 오면서 신학적 고민이 깊어졌다. 교회에서 하지 말라는 짓은 전부 했다. 교회 친구들을 꾀어 중국집 2층 방에서 배갈을 마시고 담배를 태웠다. 날이 밝으면 아무 일 없었다는 듯 학교에 갔다. 학교에서는 행실이 얌전하고 말수가 적어 그런 학생인줄 아무도 몰랐다. 교회만 가면 말썽을 부렸다.

왜 나는 날 때부터 기독교 신자였을까. 승효상은 풀리지 않는 의문에 천착했다. 해답을 얻으려면 기독교를 먼저 알아야 했다. 그래서 신학자가 되고 싶었다. 어머니는 반대했다. 아버지가 무너뜨린 집안을 장남이 일으켜 세워야 한다는 기대가 컸다. 승효상은 다시 말을 꺼내지 않았다. 다만 대학 진학을 포기했다. 술을 자주 입에 대었고 성적은 갈수록 떨어졌다. 손재주가 있으니 화가는 어떨까 했지만 역시 어머니가 만류했다. 옆집에 이혼한 화가가 살았는데 만날 발작한 사람처럼 악쓰는 주정꾼이었다.

고등학교 3학년 2학기 때 누나가 결혼했다. 시집가는 날 누나는 동생을 붙잡고 말했다. 건축학과에 가라고. 특별한 이유는 없었다. 그저 동생이 그림도 곧잘 그리고 공부도 썩 잘했기에 권유했다. 누나를 특히 따랐던 승효상은 그날부터 마음을 돌리고 대학 입시를 준비한다.

이듬해 1월 입학시험을 치르기까지 석 달 동안 제 의지로는 잠자지 않았다. 당시 '아나뽕'이라 해서 잠이 오지 않게 하는 각성제가 인기였다. '아나뽕'을 삼키고 '나이트스루'라는 잠을 쫓는 껌을 씹었다. 때로는 섞어서 먹었다. 1971년 승효상은 서울대 건축학과에 입학한다.

대학가는 장마철 터지기 직전의 제방처럼 뒤숭숭했다. 1972년 유신 체제를 전후해 반정부 시위가 줄을 이었다. 휴교와 휴업으로 학교 수업은 제대로 이루어지지 않았다. 승효상은 부산에서 상경해 휘경동에서 하숙했다. 주변에 말리는 사람이 없으니 거리끼지 않고 시위에 가담했다. 여러 번 잡혔다가 얻어맞고 풀려났다.

하루는 고등학교 선배이자 건축학과 선배인 공과대학 학생회장이 승효상을 불렀다. 그 선배는 항상 한복을 입고 학교 옥상에 홀로 서서 독재 타도를 외치던 사람이었다. 선배는 말했다.

"너는 데모하지 말고 건축해라."

선배의 말은 절대명령이었다. 다음 날부터 승효상은 길거리로 나가지 않았다. 세상과 절연하고 제도판이 있는 골방에 자신을 가두었다. 시대를 외면했다는 죄의식에 사로잡힐 때마다 더욱 건축에 몰입했다. 그런데 막상 학교에선 배울 것이 별로 없었다. 몇 년째 같은 강의 노트를 들고 다니는 교수도 있었다. 2학년 때부터 전공과목을 배우는데 첫 시간부터 실망이었다. 미국 MIT에서 학위를 받은 젊은 교수의 수업이었다. 승효상은 목욕까지 하고 제일 좋은 옷을 걸치고 수업에 들어갔다. '건축이란 무엇인가'에 대해 드디어 배울 수 있으리라 생각했다. 젊은 교수는 제도기를 집어 들고 말했다.

"제도기는 12품을 사는 게 좋습니다. 국산은 품질이 좋지 못해요."

제도기의 중요성을 강조하는 얘기가 한동안 이어졌다. 승효상은 손을 번쩍 들었다.

"선생님, 그게 대학 2학년인 저희에게 하실 첫 말씀입니까?"

그길로 승효상은 강의실을 나갔다. 학교를 다니지 않을 각오마저 있었다. 그런데 마침 다음 날부터 휴교령이 내려졌다.

공부는 혼자 했다. 주한 미국대사관 문화공보원에 가서 백과사전을 빌려 건축을 다룬 글만 찾아 읽었다. 외국 서적만 팔던 광화문 범한서적에서 건축 도서를 구해 읽었다. 건축이 무엇인지 어렴풋이 감이 잡혔다.

당시 서울대 건축학과에 김국영이란 조교가 있었다. 항상 까만 양복을 입고 하얀 와이셔츠에 까만 넥타이를 하고 다니던 기인이었다. 김국영은 승효상을 유독 챙겼다. 학교 수업은 나오지 않더라도 건축에 관한 여러 책을 읽어 보라고 추천하고, 르코르뷔지에Le Corbusier, 1887-1965. 스위스 태생의 프랑스 건축가이다. 지난 세기 가장 위대한 건축가로 꼽힌다. 현대 건축의 5원칙 등 거의 모든 현대 건축 이론을 창안했다. 주요 작품으로 빌라 사보아, 유니테 다비타시옹, 롱샹 성당, 라 투레트 수도원 등이 있다와 루이스 칸Louis Kahn, 1901-1974. 20세기 최고 건축가 중 한 명이다. 주요 작품으로 소크 생물학연구소, 방글라데시 국회의사당 등이 있다의 도면을 따라 그리라고 권했다. 승효상은 시키는 대로 했다. 특히 르코르뷔지에의 라 투레트 수도원은 손이 기억할 만큼 여러 번 따라 그렸다. 나중에 알았지만 큰 공부가 되었다.

몇 개월 뒤 학교가 다시 문을 열었다. 여전히 수업에는 나가지 않고 제 도실에서 시간을 보냈다. 선배 둘, 동기 하나와 팀을 이루어 대한민국 미술 전람회^{약칭 국전國展} 건축 부문에 출품했다. 2학년 때부터 졸업할 때까지 입선이나 특선으로 내리 수상했다.

수업에 거의 들어가지 않았던 승효상은 4학년 2학기 마지막 수업에 기념 삼아 참석했다. 국전과 졸업전을 준비할 때 지도해 준 김희춘 교수의 수업이었다. 김 교수는 돌아가며 한 명씩 졸업 후 진로를 물었다. 승효상에게만 묻지 않았다. 서운하고 자존심도 상했지만 학과 생활에 등한했으니 별수 없다고 생각했다. 그런데 수업을 마치고 나가면서 김 교수가 승효상을 불렀다. 자기 방으로 오라고 해서 따라갔더니 자리에 앉기도 전에 말했다.

"자네는 김수근 선생 밑으로 가서 일하게."

그러더니 곧바로 김수근 선생에게 전화를 걸었다.

김수근^{金壽根, 1931-1986. 한국 현대 건축의 거장이다. 주요 작품으로 공간 사옥, 샘터 사옥, 올림픽 주경기장,} ^{양덕성당, 청주박물관, 경동교회 등이 있다.}이 누구인가. 일본 유학을 마치고 1960년 귀국한 김수근은 김종필 총리의 후원 아래 정부 프로젝트를 독점하다시피 한 한국 건축계의 대부였다. 29세에 남산 국회의사당 현상 설계¹⁹⁵⁹에 일등 당선되었고, 워커힐 힐탑바¹⁹⁶¹, 남산 자유센터¹⁹⁶³, 세운상가¹⁹⁶⁶, 여의도

한국 현대 건축의 거장 김수근

©김수근문화재단

마스터플랜[1969]의 계획과 설계를 맡았다.

승효상은 대학 4학년 때인 1974년 가을 김수근을 처음 만났다. 동기생의 주선으로 김수근이 대표로 있던 공간연구소 원서동 사옥을 방문했다. 김수근은 직원들과 축구를 하다 아킬레스건을 다쳐 다리에 깁스를 한 상태였는데, 책상에 다리를 얹고 승효상 일행을 바라보았다. 그렇게 거만해 보일 수가 없었다. 카리스마 넘치는 태도가 불쾌할 정도로 오만하게 느껴졌다. 그때 생각했다.

'아, 저 사람 밑에는 절대 들어가지 말아야지.'

그런 김수근 밑에서 일하게 된 것이었다. 김 교수가 추천한 다음 날인 1974년 12월 23일, 승효상은 김수근을 찾아가 인사를 올렸다. 김수근이 대뜸 물었다.

"급한 일이 있는데 밤일할 수 있겠나?"

입사 첫날 바로 프로젝트가 떨어졌다. 이듬해 8월 15일 여의도에 개관할 광복 30주년 기념 종합 전시관 프로젝트였다. 사실상 제3공화국의 치적을 찬양하는 작업이었다. 애써 외면했던 원망과 분노가 환등처럼 떠올랐다. 대학 시절에 그토록 미워하고 돌을 던졌는데 박정희 대통령의 치적을 홍보하는 프로젝트에 순순히 참여할 수는 없었다.

당시 공간연구소에는 기념사업을 총괄하던 총리실에서 파견한 감독관이 있었다. 후일에는 가까워졌지만 초기만 해도 승효상과 감독관은 사사

건건 대립했다. 하루는 둘이 밤새워 통음하며 옥신각신하다가 승효상은 결국 프로젝트를 껴안기로 했다. 젊은 건축가 한 명의 의지로 좌우될 일이 아니라면 그 안에서 자신이 할 수 있는 일을 찾기로 했다.

그때부터 노상 밤을 새워 일했다. 세상 돌아가는 얘기에 귀를 닫고 일에만 열중했다. 그러지 않고는 난파된 현실을 감당할 수 없었다. 사무소에 틀어박혀 일만 하다가 이듬해 2월 26일 처음 바깥 구경을 했다. 대학 졸업식 날이었다. 전날 받은 월급 3만 원으로 양복 한 벌을 사 입고 학교에 갔는데 졸업식이 끝나 있었다.

승효상은 김수근 선생의 카리스마가 싫었다. 우리 사회의 부조리와 모순에 선생의 카리스마를 대입했다. 시대를 등진 승효상에게 김수근은 유일한 세계였고, 극복할 대상이었다. 삼백예순날 선생에게 도전했다. 김수근이 스케치를 한 장 그리라 하면 두 장을 그리고, 열 장을 그리라 하면 스무 장을 그렸다. 김수근에게 "네가 옳다"는 한 마디를 듣기 위해 악착같이 그렸다. 아침이면 밤새워 그린 도면을 내밀고 승효상은 말했다.

"선생님이 그리라고 하신 건 이건데, 제 생각엔 이게 더 나을 거 같은데요."

가열한 논쟁은 어김없이 패배로 끝났다. 그때마다 승효상은 술집을 전전하며 억병으로 마셨다. 비척대며 사무실로 들어와 다시 연필을 쥐었다. 20대 후반 원서동 골방에서 승효상은 다시 건축을 배웠다.

김수근은 승효상과 직접 일하기를 즐겼다. 나이가 어리고 경력이 일천한 승효상에게 중한 업무를 맡겼다. 때로는 실장과 차장을 건너뛰고 승효상에게 설계를 일임했다. 입사한 지 3년이 채 되지 않은 1977년, 승효상은 마산 양덕성당 설계에 주도적으로 참여한다. 그 정도 규모의 일은 보통 실장급이 담당했다. 20대 중반의 막내들은 선배들의 연필을 깎거나 굴뚝이나 문틀처럼 시간이 지나도 변하지 않는 단순한 도면을 그렸다. 한참 후배인 승효상에게 밀린 실장은 사표를 냈다.

마산 양덕성당을 맡으면서 승효상은 작업실에서 먹고 잤다. 사회와 격리된 채 제도판을 부둥켜안고 살았다. 도판 앞에 앉아 승효상은 자신과 싸우고 김수근 선생과 싸웠다. 양덕성당은 분명 김수근의 작품이지만 구체적인 작업 과정에서는 승효상과 교감하며 협업했다.

설계를 의뢰한 오스트리아 신부는 '소박하면서도 우아하고, 단단하면서도 따뜻하며, 신비로우면서도 인간미가 풍기는' 건축을 요청했다. 김수근은 '소박한 인간 공동체의 공간'으로 풀어 나갔다. 만년에 가톨릭에 귀의했지만 김수근은 평생 무신론자였다. 독실한 신자였던 승효상은 교회 건축에 필요한 신학적 토대를 제공했다. 승효상이 평면을 그려서 가져오면 김수근이 한구석에 입면도를 그렸다. 건물 벽이 평행하다가 비정형으로 구부러진다.

"그건 더 발전시켜서 이런 모양이 낫지 않겠어? 다시 평면 그려 봐."

둘은 숱한 스케치를 주고받으며 양덕성당 설계를 완성했다. 양덕성당은 완공된 이후 일본 건축 잡지의 표지에 소개되었다. 이 건축을 계기로 김수근은 세계적인 명성을 얻기 시작한다.

————

양덕성당 하나로 승효상은 몇 년치 공부를 했다. 고된 작업을 거치며 김수근 건축이 무엇인지 체화했다. 자신감을 넘어 내가 최고라는 자만심까지 들었다. 공간연구소에서 일하던 기간 동안 승효상은 여러 프로젝트를 접할 수 있었다. 당시 김수근의 공간연구소만큼 다양한 프로젝트를 다루는 사무소는 한국에 없었다.

1970년대 중반 중동 건설 붐이 한창이었다. 국제그룹에서 엔지니어링 회사를 신설하면서 건축가들을 대거 모집했다. 유망한 신예 건축가 승효상도 스카우트 제의를 받았다. 공간연구소보다 급여가 네 배 많았다. 공간연구소는 그마저도 몇 달씩 밀렸다. 승효상은 김수근 선생의 만류를 뿌리치고 공간연구소를 떠났다. 돈도 돈이지만 망가진 육체와 정신을 추스르고 싶었다.

1978년 승효상은 대기업 계열의 엔지니어링 회사로 이직했다. 어느 주머니를 뒤져도 10만 원짜리 수표가 나왔다. 매일 밤을 술로 보냈다. 그렇

마산 양덕성당(위), 경동교회(아래)
©김수근문화재단

게 1년이 지났다. 자신이 걷잡을 수 없이 무너지고 있음을 깨달았다. 승효상은 공간연구소에 복귀하기로 결심한다. 김수근을 찾아가 잘못했다고 말했다. 김수근이 대답했다.

"알았어."

그걸로 끝이었다. 다음 날 승효상은 공간연구소로 출근했다.

돌아온 승효상에게 김수근은 국립청주박물관 설계를 맡겼다. 산등성에 들어설 여러 개의 건물들이 모여서 만들어 내는 군집미와 그 속에서 빚어지는 공간에 승효상은 관심을 기울였다.

1980년에는 경동교회 프로젝트에 참여했다. 김수근은 양덕성당보다 볼륨을 더욱 조절하고 건물 모습이 다양한 해석을 낳도록 하라고 지침을 내렸다. 양덕성당 때처럼 여러 번 지우고 다시 그릴 필요가 없었다. 승효상은 숙달된 손으로 도면을 빠르게 그려 나갔다.

경동교회의 정문은 뒤편에 있다. 예배당에 들어가려면 교회 외벽을 빙둘러가야 한다. 골고다로 향하는 길을 연상하게 한다. 경동교회는 높이가 다른 19개의 기둥이 모여 하나의 매스를 이룬다. 완성된 건물을 보고 누구는 손을 모아 기도하는 모습이라 했고 누구는 거대한 손가락이라 했다. 건축 허가를 마치고 며칠이 지났다. 버스 안에서 라디오 뉴스가 흘러나왔다.

"서울에 수정 모양을 한 교회 건물이 들어서게 되었습니다."

승효상은 혼자 실소했다.

1980년 5월 승효상은 서울에 있었다. 먼 기척에 광주의 일을 듣고 절망했다. 현실에 고개를 돌린 지난날이 한스러웠다. 더 이상 이 나라에 발붙이고 싶지 않았다. 숨 막히는 사회 분위기와 혼란한 시국, 작업에 몰두하느라 소진한 육체와 정신, 어디로든 도망하고 싶었다.

마산 양덕성당을 설계하면서 승효상은 클라이언트였던 오스트리아 출신 요셉 프라처 신부와 가깝게 지냈다. 술에 취해 괴로워하는 승효상에게 신부는 오스트리아 유학을 권했다. 신부의 도움으로 1980년 6월 빈 공과대학 입학 허가를 받았다. 개학은 9월이었다.

빈으로 떠나기 한 달 전, 버스 정류장에서 김수근 선생의 비서를 우연히 만났다. 공간연구소 남자 직원이라면 한 번쯤 넘보던 선망의 대상이었다. 떠나는 마당에 거리낄 것이 없었다. 그녀에게 차나 한잔하자고 했는데 뜻밖에도 순순히 응했다. 어쩌다 보니 술을 마시게 되었다. 맥줏집에 가서 마주 앉았다. 이 여자와 살면 좋겠다는 생각이 들어 술김에 청혼했다. 그녀는 일주일의 시간을 달라고 했고, 닷새 뒤 그녀의 아버지에게 인사를 드렸다. 6개월 뒤 한국에 잠깐 들어와 결혼하고 같이 떠나기로 했다. 출국 일주일 전 둘은 약혼했다.

북극 상공을 지나 파리를 거쳐 23시간을 비행해 오스트리아 빈에 도착했다. 프라처 신부의 소개로 빈 시내의 수도원에 몇 달 머물렀다. 서울에

오스트리아 빈에서 아내 최덕주와 함께

있는 약혼녀를 설득해 빈에서 결혼식을 올리기로 했다. 1980년 11월 24일 오스트리아 빈의 오래된 교회에서 승효상은 최덕주와 결혼했다. 주례를 포함해 13명이 모였다. 그날 첫눈이 내렸다.

승효상은 빈에서 아돌프 로스^{Adolf Loos, 1870-1933}의 건축을 접한다. 19세기 말 유럽 건물은 장식이 화려했다. 1908년 로스는 〈장식과 범죄〉라는 글을 통해 장식 예술을 범죄로 취급했다. 1910년 그는 빈 도심인 미하엘 광장에 일명 로스하우스^{Looshaus}를 지었다. 화려한 궁전 앞에 궁전을 모독하듯 아무 장식이 없는 건물이 올라가자 빈이 들썩였다. '맨홀 뚜껑 같다'는 비난이 쏟아졌다. 건설 반대 운동이 일어나 공사가 잠깐 중단되기도 했다. 그 건물로부터 모더니즘 건축이 탄생했다. 세기말 빈에서 촉발된 논쟁 이후 건축이 변하기 시작했고 마침내 세상이 바뀌었다. 오스트리아 작가 카를 크라우스는 로스하우스를 두고 "건물을 세운 것이 아니라 철학을 세웠다"고 말했다. 승효상은 건축으로 혁명을 할 수 있다는 사실을 깨쳤다.

빈 공과대학 건축학부에 등록했지만 아이가 생기면서 학업을 지속할 수 없었다. 돈부터 벌어야 했다. 몇 군데 지원서를 넣었지만 번번이 떨어졌다. 그러다가 마르하르트, 뫼비우스 앤드 파트너^{Marchart, Moebius und Partner}라는 설계 사무소에서 연락이 왔다. 한 달간 일하기로 계약했다. 어디에 있는지도 모르는 나라에서 건축하는 사람이 왔다니까 신기해서 불렀다는 후문이 돌았다.

입사하고 처음 맡은 업무는 투시도 작업이었다. 얼마나 걸리겠냐고 묻기에 사흘이면 충분했지만 닷새라고 답했다. 다들 놀라는 기색이었다. 너무 오래 잡았나 싶어서 이틀 만에 색칠까지 해서 가져갔더니 전 직원이 모여들었다. 그들에게는 한 달이 걸리는 일이었다. 우리나라 건축가들이 손이 빠른데다 승효상은 특히 빨랐다. 그때부터 일이 늘었다. 이런저런 일거리를 가져와서 해 보라고 했고 승효상은 빠르고 정확히 해치웠다. 출근한 지 20여 일이 지나고 계약을 다시 맺었다. 이번에는 정직원이었다.

그곳에서 1년을 일했다. 두 달마다 월급이 뛰었다. 회사에서 괜찮은 대우도 받고 현지 생활에도 익숙해졌지만 기술을 파는 일에 회의가 들었다. 그즈음 서울에서 동료 건축가의 서신이 날아왔다. 봉투 안에는 경동 교회 낙성 기념 예배의 안내 팸플릿과 함께 준공된 사진이 들어 있었다. 수십 번 보고 또 보았다. 귀국하고 싶은 마음을 억누를 수 없었다. 한국에 돌아가 혁명처럼 삶을 바꾸는 건축을 다시 시작하고 싶었다. 1982년 봄 승효상은 귀국한다.

————

다시 '공간'에 돌아갔다. 팀원들을 이끌고 여러 프로젝트를 총괄했다. 서울 외신기자 클럽 인테리어, 주미 한국대사관저, 서초동 법원 청사[1984]를 설계했다. 서초동 법원 청사를 두고는 뒷말이 나왔다. 대가 김수근의 설계라기엔 어딘지 낯설다는 얘기였다.

여기에는 숨겨진 사연이 있다. 전두환 정권이 들어선 뒤 정부는 구체제 인사를 청산한다며 김종필의 총애를 받은 김수근을 문화예술계 대표로 지목했다. 당시만 해도 가장 중요한 클라이언트는 정부였다. 정부 프로젝트를 수주하지 못하면서 사무소 재정이 악화되었다. 승효상은 경쟁에서 이기기 위해 '공간'답지 않은 공간을 제안했고, 서초동 법원 청사 설계 공모에 당선되었다.

1985년 7월 김수근은 간암 판정을 받는다. 서울대학교 병원에서 수술하고 청파동 자택에서 요양했다. 호전되는가 싶더니 해를 넘기면서 재입원했다. 병세는 갈수록 심해졌다. 김수근은 퇴원하고 자택에서 투병했다. 1986년 5월 15일 승효상은 선배 장세양과 함께 선생을 병문안했다. 김수근은 둘에게 공간을 맡으라고 유언했다. 그로부터 한 달 뒤인 1986년 6월 14일 김수근은 56세의 나이로 별세했다.

독립하고 싶었지만 스승을 세 번 떠날 수는 없었다. 건축사 자격증이 없던 선배를 대신해 승효상이 대표 이사직을 맡았다. 김수근 선생은 대표 자리와 함께 빚 30억 원을 남겼다. 요즘 물가로 환산하면 수백 억 원에 달하는 금액이었다. 법적으로 대표 이사인 승효상은 법적 책임을 떠안았다. 은행 지점장들을 만나 굽실거리고 사채업자들에게 멱살을 잡혔다. 얼마 전까지 후배였던 직원들이 노동조합을 결성해 압박하기 시작했다. 임금 체불로 고발당해 노동부에 가서 각서를 썼다. 하기 싫은 일들로만 짜인 일정표를 보며 먼저 간 선생을 원망하기도 했다.

건축주를 상대하는 일도 곤혹스러웠다. 건축주는 김수근다운 건축을 원했고, 승효상은 김수근보다 더 김수근다운 건축을 구현해야 했다. 어쩌면 이제까지 건축이 아니라 김수근 건축에 복무한 것인지도 모른다는 각성이 있었다. 그러나 김수근 선생이 세상을 떠난 이상 김수근 건축은 할 수 있는 일이 아니었다.

헐떡이며 3년을 버텼다. 갚을 수 없는 빚은 법적으로 정리했고, 공간에서 보유한 팔리지 않던 부동산이 처분되기 시작하면서 상황이 나아졌다. 선생의 유지를 지켰으니 이제는 '승효상 건축'을 시작할 차례였다. 선배 장세양에게 사정해 공간을 빠져나왔다. 1989년 12월 27일 승효상은 자신의 건축 사무소 'TSC'를 설립한다. 그의 나이 서른여덟이었다.

승효상은 김수근 선생 문하에서 15년을 보냈다. 생전 12년, 사후 3년이다. 승효상은 건축에 관한 거의 모든 것을 김수근에게 배웠다. 무엇보다 건축하는 방법과 자세, 건축주를 대하는 태도를 배웠다. 건축가들 사이에 오래된 농담이 있다. 건축가라는 직업이 매춘부와 비슷하다는 것이다. 손님을 받아야 일이 이루어지고 주로 밤에 일을 하며 종이를 많이 쓰기 때문이다. 생전에 김수근 선생은 입버릇처럼 말했다.

"건축주에게 웃음은 팔더라도賣笑 정조는 팔지賣春 마라."

프로젝트 하나 없이 무작정 독립했다. 80년대가 저물기 전에 공간연구소를 벗어나겠다는 일념이었다. 승효상 건축을 하려고 세상에 나왔지만 자신의 건축이 무엇인지 알 수 없었고 자신이 누구인지조차 몰랐다. 길 잃은 아이처럼 주위를 두리번거릴 뿐이었다.

그 무렵 한 선배에게 연락을 받았다. 젊은 건축가끼리 모여 토론하고 담론을 형성하자고 했다. 이전까지 건축가는 학연을 중심으로 뭉쳤다. 연고를 배제하고 또래 건축가들이 모여 공부하는 모임이 전무했다. 뭇사람의 조언이 필요한 시기였기에 승효상은 적극 찬동했다.

1990년 4월 3일 서울 강남 올림피아센터에 젊은 건축가 14인이 모였다. 만난 날짜를 따서 4·3그룹이라 명명했다. 90년대 중반까지 활동한 뒤 해체되었지만 승효상을 비롯해 김인철, 민현식, 조성룡 등 한국 건축계의 핵심 인물을 배출한 4·3그룹의 시작이었다.

그룹 회원들은 한 명씩 돌아가면서 자기 건축을 발표하고 비평을 받았다. 학연이 지배하던 당시 건축계에는 일명 주례사 비평이 횡행했다. 좋은 얘기만 늘어놓기 일쑤였고, 후배는 선배의 건축에 감히 이의를 제기할 수 없었다. 4·3그룹은 달랐다. 철저히 비평하고 건축관을 따져 물었다. 승효상은 성북동 주택[1990]을 발표했다. 골조만 완성된 상태여서 비평할 거리가 많지 않았다. 대신 이런 비판을 자주 들었다.

4. 3그룹 건축 전시회

이 시대, 우리의 건축

전시회

기간: 1992.12.12 (토)~24 (목)

장소: 예술의 전당미술관

개막식: 1992.12.12. 12:00

김영준 전시선 '건축 속의 작은 움직임'

1992.12.12 14:00

이 시대, 우리의 건축

이 전시회은 시대를 향한 우리의 물음이다. 그리고, 이것은 이 시대에 동승한 우리 자신에게 던지는 물음이기도 하다.

21세기를 눈앞에 둔 오늘날, 우리는 미래에 대한 희망을 서서히 상실해 가고 있다. 또한 우리는 여러가지의 세기말적 징후가 이 세기를 주도하여 온 모더니즘에 대하여 심각하게 도전하고 있음을 여기저기에서 느끼고 있으며, 동시에 분열과 반목의 혼돈의 시대의 소용돌이 속에서 19세기 말 한국의 지성인들이 겪었던 진짜 유사한 의식의 혼란에 새로이 빠져서 있다.

이질적이며 환상, 객관성과 주관성, 정체성과 운동성, 부분과 전체, 우연과 필연, 보편성과 개별성, 영속과 찰나라는 이분법적인 대립은 인간의 역사에서 잡힙없이 반복되어 왔다. 19세기 말에 흔재했던 이 관념의 사고들은 20세기를 거치며 철저히 무질서의 사상들로 교차되어 왔고, 이러한 현상은 21세기를 향하여 더욱 가속화되어 가고 있다. 그럼에도 우리는 새로운 시대를 향한 시대적인 정신을 의식하고 있으며, 아예 따라 랜덤하지 이들 수 있는 필연적인 상황에 놓여 있다. 때문에 우리는 역사에 나타난 이분법적 대립들을 더이상 이해결의 상태로 놓아 둘 수 없으며, 세기말적인 건축의 문화적 의로를 판동할 수 있는 게 3의 길을 탐색해 가지 않으면 안되는 절박한 시점에 놓여 있다.

이 전시회를 통하여 우리가 시도하려는 것은, 뿌리가 뽑혀 흐트러지고 여기저기에서 파생적으로 자라고 있는 한국 현대건축의 단면들 모아 은편의 장을 절쳐 보이기 위함이다. 이제 21세기를 배감하면서 80년대의 한국 건축문화를 지켜보았던 젊은 14인의 건축가들은 1990년 4월 3일을 기하여 20세기 마지막 10년의 한국 현대건축에 주목하기로 하였다. 그리고 우리 스스로가 설명한 과정의 몽환에 오면서, 우리들은 지조와 지각감에서 벗어나 새로운 모힘과 도전을 시도하려 하였다. 그럼지만 의의 함께 그 이단가에 오시리고 있을 실례과 허접제 로 다른 건물을 느끼지 않을 수 없다.

여기에 전시되는 건축가 14인 서로 다른 목소리로 이 시대에 대답하고자 한다. 그리고 비록 단편적인 성과에 지나지 않으나, 이들 기점으로 우리들의 다음에 시대를 이들어 갈 건축적 좌표피 그 실천적 정신을 우리 자신 속에서 집김없이 변환하여 나아가고자 한다.

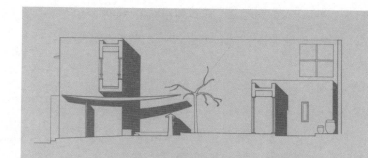

the beauty of poverty
鶴 洞 守拙堂
里門 291

승효상 承孝相
seung h-sang

물한목박찬밥찬술이라도거저먹지말며
한그릇을먹었으면한사람의분을하되모
름지기의로움의뜻을알라하루아침의하
찮은근심을없더라도종신토록큰근심으
로근심을하며병길지않은병이있을지라
도도울을기고즐거이여기자선비의뜻도
둘잊지말라엄치는개운하고호뭇하더라
세태의흐름은사특함것침찬에기뻐하지
말며욕을하더라도성내지말지니기에이
순리를따로노라면조용히얻는것이있으
리로다골짜기로피어오르는구름에반라
지알며임자없는달빛에아침하지말라쳐
신과말에예달리지않음은아득한태평성
대의순박함이요돌가짐과법도에상상을
돈은당우삼대의바탕일러라네가돌아다
볼때마다이북벽에서느낄지어다.

소화월 "北部"

1952
서울대, 院대학원
공간연구소
marchart moebius und partner, wien
아시아로룸 I
　　정릉 c씨 주택　　서울 (1989)
　　늘원 빌딩　　서울 (1990)
　　번동 성당　　대전 (1991)
　　성북동 k씨 주택　서울 (1991)
　　영동 제일크리닉 서울 (1992)
한양대, 단국대 출강
t.s.c. 대표

"야, 그게 네 거냐? 너는 정체성이 뭐냐? 네가 김수근이야?"

승효상도 순순히 넘어가지 않았다. 전쟁기념관을 발표한 동료에게 악평을 퍼부었다.

"건축의 본질을 망각한 것 같다. 당신의 장래를 위해서 다시 생각해야한다. 히틀러의 동역자였던 건축가 슈페어와 무엇이 다른가. 전쟁은 찬양하기 위한 것이 아니다. 도시 한복판에 그 거대한 것이 필요한가. 군인 스케일이고 5공 스케일이다."

1989년 해외여행 자율화가 시행되면서 4·3그룹은 건축 기행에 나섰다. 도쿄, 베니스, 파리, 빈, 런던, 바라나시 등지를 답사하며 모더니즘 건축을 섭렵했다. 이타미 준, 반 시게루 등 해외 건축의 거장들도 만났다.

4·3그룹에서 펼친 모든 활동이 승효상에게는 큰 자극이 되었다. 그전에는 공간연구소에 틀어박혀 김수근 건축만을 골몰했기에 남의 건축은 거들떠보지 않았다. 동시대 건축가들이 무슨 생각을 하는지, 자신과 얼마나 다른지 알지 못했다. 승효상은 4·3그룹을 통해 다른 건축가들의 고뇌를 처음으로 들을 수 있었다. 김수근 건축을 객관적으로 관찰하게 되었고, 비로소 자신이 누구이며 자신의 건축이 어떠해야 하는지 어렴풋이 깨달았다.

같은 시기 승효상을 비롯한 4·3그룹의 주축 회원들은 서울건축학교 설립에 깊이 관여했다. 제도권 밖 대안 교육 프로그램이었다. 1990년대 초 대학 건축 교육은 설계 교육과 일대일 크리틱을 강화하는 방식으로 바꿰었지만 실기 중심 교육은 여전히 부족했다.

　서울건축학교는 예전의 도제식 교육처럼 설계 마스터가 설계하는 과정을 직접 보여 주었다. 실무 건축가로 이루어진 선생들은 학생들과 함께 안을 만들고 직접 발표도 했다. 여름에는 전국을 순회하는 캠프를 열었다. 학생들과 함께 일주일 동안 합숙하며 지역에 대해 공부하고 대상지에 적절한 프로그램을 구상해 설계 작업을 했다. 이후 전시회와 보고서를 발간해 건축계 일반에 알렸다.

―――――

1992년 어느 날이었다. 정체성을 찾기 위해 여전히 방황하던 승효상은 우연히 서울 금호동 달동네를 찾는다. 가진 게 적어 많은 부분을 서로 나누며 살 수밖에 없는 동네였다. 그곳의 길은 통행만을 위한 공간이 아니었다. 만나고 헤어지고 모이고 즐기는 삶이 이루어지는 곳이었다. 우물 하나, 화장실 하나를 가운데 둔 마당에서 북새통을 이루며 모여 살던 어린 시절 풍경이 떠올랐다.

　그곳에서 승효상은 그동안 의문하던 건축과 도시의 모든 지혜와 해결책을 발견한다. 달동네에서 보이는 공동체적 공간을 건축에 적용한다면 얼마나 아름다울까. 김수근 건축과는 다른 뭔가가 느껴졌다. 그 이후 서울에 있는 달동네를 전부 다녔다. 물신이 지배하는 시대에 어떤 건축을 해야 할지 오래 고민했다.

1992년 12월 12일 4·3그룹은 '이 시대 우리의 건축'이라는 화두를 내걸고 처음이자 마지막 전시회를 개최한다. 그 자리에서 승효상은 자신의 건축 철학으로 '빈자貧者의 미학'을 선언한다. 작은 공간을 다양하게 활용하고 함께 나누어 쓰는 '가난할 줄 아는 이들의 미학'이란 뜻이다.

'빈자의 미학'을 내세운 첫 건축이 수졸당1992이다. 당호는 큰 솜씨는 마치 서툰 듯하다는 '대교약졸大巧若拙'에서 따왔다. 《나의 문화유산답사기》로 유명한 유홍준 교수의 자택이다.

우리나라 주택은 1960~70년대를 거치며 크게 바뀌었다. '불란서 미니 이층집'이 유행하며 전통적인 공간 개념이 거의 사라졌다. 승효상은 우리 고유의 옛집이 지닌 공간의 풍부함을 현대적으로 살려 냈다. 요즘 집들을 보면 대지를 둘로 나눠 한쪽에 집을 올리고 다른 한쪽에 잔디를 심는데, 우리나라 옛집은 그렇지 않았다. 자연을 품은 마당이 집 곳곳에 있었다. 집은 공간을 한정하고 벽채로 이용하기 위한 수단에 불과하다. 정작 중요한 곳은 비워진 공간이다.

수졸당은 대지가 70평이지만 그 안에 마당이 세 개나 있다. 마당 세 개를 만들기 위해 벽을 쌓고 집을 물리고 방과 방 사이를 떨어뜨렸다. 어떤 방은 외부를 통해서만 연결된다. 동선이 길어 불편한 집이지만 불편은 사유로 이어진다. 수졸당은 중학교 교과서에 실릴 정도로 화제를 낳았다.

1993년 승효상은 이 건축으로 김수근 문화상과 건축문화대상을 수상한다.

당시 유홍준은 책을 내기 전이라 넉넉한 형편이 아니었다. 아버지 퇴직금으로 아주 싸게 집을 지어야 했다. '공간' 시절부터 가까이 지내던 사이라 승효상에게 설계를 부탁했다.

승효상은 설계비 일부로 '이로재履露齋'라 새겨진 200년 된 현판을 받았다. 유홍준 말로는 추사 제자인 이삼만 선생의 작품으로 추정된다고 했다. '이슬을 밟는 집'이라는 뜻이다. 《예기禮記》에 나오는 말로 늙은 부모를 모시는 가난한 선비가 문안을 드리기 위해 새벽이슬을 밟는 집이라는 의미다. 이름이 워낙 좋아서 승효상은 건축 사무소 이름을 이로재로 바꾼다.

————

1998년 IMF 외환 위기가 터졌다. 경기에 민감한 건설업은 이내 휘청였다. 크고 작은 건설 업체들이 줄지어 도산했다. 승효상의 이로재도 부진을 면하지 못했다. 진행하던 프로젝트가 무산되고 새로운 일거리가 들어오지 않았다. 독립한 지 10년이 되던 해였다. 기왕에 쉬게 되었으니 건축과 삶을 점검할 말미를 내기로 했다. 1998년 9월 승효상은 영국 런던으로 떠났다. 이듬해 6월까지 북런던 대학현재 런던 메트로폴리탄 대학에서 객원 교수로 지내며 플로리안 베이겔 교수가 이끄는 건축연구소ARU에서 작업과 설계 강의를 맡았다.

런던에 도착한 직후 북런던 대학에서 열린 건축 세미나에 참석했다. 발제를 담당한 어느 교수가 이성적인 사회 건설을 추구하는 서구인들의 사고방식에 반론을 제기했다. 그 교수는 이성보다 반이성이, 명료함보다 불명료함이 더욱 가치가 있을 수 있다고 주장했다. 런던의 건축가들에게는 패러다임 전환을 위한 역설이었지만 승효상에게는 익숙한 말이었다. 비움emptiness과 불확정성indeterminacy, 틈interstice, 부정성irregularity 같은 단어는 원래 우리 고유의 관념이었다. 산업화를 거치면서 잊도록 세뇌된 어휘에서 서구인들은 새로운 가치를 발견하고 있었다.

런던에 체류한 10개월 동안 승효상은 플로리안 베이겔Florian Beigel 교수와 교류하면서 많은 영감을 얻었다. 플로리안 베이겔은 '불확정적 공간indeterminate space'이라는 개념을 제시하며 특정한 용도와 기능이 정해지지 않은 공간을 구현해야 한다고 주장했다. 아침과 저녁에는 벅적하고 한낮에는 햇볕만 가득한 우리 한옥의 마당이 바로 '불확정적 공간'이다. 그 공간에서는 삶의 풍경을 거주자들이 만들어 간다.

플로리안 베이겔의 아이디어는 그동안 승효상이 품어 왔던 생각과 일치했다. 승효상은 유럽 건축계의 새로운 키워드를 접하면서 자신의 건축적 직관에 확신을 얻었다.

그즈음 한국에서는 1995년에 착수해서 진행하다가 IMF로 보류된 웰컴시티 프로젝트가 다시 추진되었다. 광고 대행사 웰콤Welcomm의 사옥을 설계하는 일이었다. 몇 년 전 도면을 다시 보니 그새 낡은 생각이었다. 승효상은 런던에서 수용한 건축관을 이 건축에 적용하기로 했다. 승효상은 플로리안 베이겔에게 함께 처음부터 다시 설계하자고 제안했다.

승효상과 플로리안 베이겔은 건물 하단의 기단을 만드는 데 쉽게 합의했다. 그러나 상부 박스를 놓고는 대치했다. 베이겔은 중정을 만들고 세 개의 박스로 에워싸는 안을 제시했고, 승효상은 지금처럼 네 개의 박스를 병치하는 안을 내세웠다. 건축주는 베이겔의 안을 선호했지만 승효상이 고집을 부려 기어이 건축주를 설득했다. 이 건축에서 승효상은 새로운 건축 사유인 '어반 보이드urban void'와 '랜드스케이프landscape'를 구체화했다.

웰콤시티는 6개의 필지를 합해서 지은 하나의 건물이다. 회백색 콘크리트로 육중한 매스를 이루는 포디엄podium 위로 붉은 내후성 강판corten steel의 박스 네 개가 우뚝 솟아 있다. 분리된 것처럼 보이지만 사실 하나의 박스다. 박스 내부를 지우개로 지우듯 세 개의 빈 공간을 만들었다. 목적이 없는 비운 공간void은 이 건축의 가장 중요한 요소이다. 건물 뒤편의 작은 연립 주택들은 텅 빈 공간을 통해 햇볕과 바람과 시야를 얻는다. 전면 도로에서 건물을 바라보면 비운 공간은 보는 각도에 따라 다른 풍경을 담는다. 건축 자체로 존재하지 않고 주변과 더불어 존재하는 윤리적 건축이다.

이 건축은 상부 박스에 일명 코르텐corten이라 불리는 내후성 강판을 외장재로 사용해 눈길을 끌었다. 우리나라에서는 최초로 시도되는 작업이

2000년 김수근 문화상 수상

었다. 코르텐은 5년에 걸쳐 부식되는 외피가 코팅 막을 형성해 재료의 강성을 영구 지속시킨다. 시간을 먹으며 붉게 익어 가는 색채가 매력적이다.

승효상은 설계 초기부터 코르텐을 외장재로 사용할 작정이었다. 리처드 세라^{Richard Serra}의 조각에서 나타나는 코르텐의 무게에서 비롯하는 긴장은 전율적인 것이었다. 하지만 코르텐의 물성을 자세히 알지는 못했다. 이후 런던에 체류할 때 코르텐을 사용한 건물을 직접 보고 이 재료에 대해 자신감을 얻었다.

한국 건축계에 일대 파란을 일으킨 웰콤시티 사옥으로 승효상은 2000년 한국건축문화대상, 한국건축가협회상, 김수근 문화상을 수상한다.

————

1998년 8월 런던으로 떠나기 전 승효상은 파주출판도시 관계자들을 만났다. 건축가들을 초청해 건축 자문을 구하는 자리였다. 90년대 초반부터 진행된 파주출판도시 프로젝트는 이미 완성된 마스터플랜을 가지고 건축 설계를 앞두고 있었다. 그들이 말하는 도시 계획은 기능별로 구획한 땅에 각자의 건물과 전체를 상징하는 랜드마크를 세우는 일이었다. 승효상이 반대하는 모든 요소를 종합한 건축이었다. 고운 말이 나올 리 없었다.

어차피 런던으로 떠날 몸이니 자신과는 관계없는 일이라 여기고 자유롭게 이야기했다. 출판조합 관계자들은 놀라는 기색이었다. 그러면서 출판조합 뉴스레터에 실릴 원고를 청탁했다. 파주출판도시 건설에 건축적 조언을 구하는 내용이었다. 승효상은 충정 어린 원고를 써 보냈다.

"적당히 불편하여 우리로 하여금 끊임없이 사유하게 하는 반기능적 도시가 우리 삶을 더욱 풍부하고 의미 있게 할 것입니다. 목적이 있는 공간은 정해진 목적이 완성된 후에는 없어져 버리게 되지요. 따라서 긴 생명을 가질 수 없으며, 생명이 없는 공간은 결국, 그 공간 속의 삶들을 피폐하게 합니다. 되도록 적게 채우고 많이 남겨져 있는 도시, 아니 채워지기 전에 비운 공간을 먼저 만든 후에야 채우는 도시, 그런 도시가 생명이 길다는 것입니다."

원고를 전송하고 승효상은 런던으로 떠났다. 글의 파문이 길었다. 건축과 도시가 어우러지는 '지혜의 도시'를 건설하자는 그의 글에 조합 이사장이자 열화당 대표인 이기웅 사장이 찬동했다. 더 이상 기존 마스터플랜을 고수할 수 없었다. 출판조합은 승효상에게 건축가 민현식과 함께 파주출판도시 코디네이터를 맡아 달라고 요청했다. 승효상은 런던에 체류하는 까닭에 고사했다. 그러다 서울에 잠깐 일을 보러 왔을 때 출판조합 관계자들을 다시 만났다. 그들은 거듭 코디네이터 역할을 부탁했다. 두 번 거절할 수는 없었다.

런던에 체류하는 동안 승효상은 도시에 한층 관심을 가지게 되었다. 도시나 랜드스케이프에 대한 고민이 건축 사고를 확장할 수 있으리라 믿었다. 런던에서 승효상은 지난 세기의 계량적 도시를 만들어 냈던 마스터 플랜이라는 단어가 런던의 건축가들에게는 이미 오래 전에 폐기된 용어임을 알았다. 또한 그들이 고민하는 새로운 패러다임이 우리에게 체질화된 것들이라는 것도 다시 확인했다.

1999년 봄 승효상은 플로리안 베이겔과 함께 파주출판도시 기본 개념을 수립하기 시작했다. 도시 계획에 정통한 플로리안 베이겔은 "건축은 거주자를 위한 인프라이며, 주로 비워진 이 하부 구조에 의지하여 거주자가 삶의 풍경을 만들어 나간다"고 주장했다. 파주출판도시 프로젝트에 참여한 이들은 이 개념을 공유하고 이를 기반으로 건축 지침서를 작성했다. 6개월이 걸려 완성했다.

파주출판도시의 모든 건축은 이 지침에 따라 지어졌다. 도시 경관을 유지하기 위해 외장 재료는 엄격히 제한되었다. 공유 면적을 50퍼센트로 높여 공동체 정신을 살렸고, 산과 노을을 가리지 않기 위해 주택은 3층 이상으로 짓지 않았다. 길은 곡선으로 만들어 자동차 속도를 30킬로미터로 붙들었다. 간판은 최소한의 크기로 달도록 했다.

2007년 파주출판도시는 1단계^{26만 4000평} 사업을 마무리했다. 출판과 인쇄, 유통, 문화 시설이 들어섰다. 2017년 초로 예정된 2단계^{20만 7000평} 사업이 완료되면 영상 분야가 입주한다. 파주출판도시는 이미 다른 나라 건축 학도들의 순례지가 될 만큼 건축 성지로 명성을 얻고 있다.

2002년 8월 승효상은 국립현대미술관의 '올해의 작가'로 선정되어 개인전을 가진다. 건축가로는 최초였다. 국립현대미술관은 선정 이유로 "경제 개발 논리에 이끌려 건물은 있어도 건축은 없는 시대를 살아온 한국의 현실에서 그가 추구하는 '빈자의 미학', '어반 보이드'는 삶의 질을 생각하게 하는 건축 문화의 새로운 전기에 이바지하리라 믿는다"고 밝혔다.

전시회를 앞두고 승효상은 자신의 건축에 대한 오해와 왜곡을 우려했다. 그림이나 조각은 전시장에 있으나 작업장에 있으나 다를 바 없지만 건축가에게 전시장은 전혀 다른 의미였다. 건축은 그 장소에 있을 때만 가능하다고 승효상은 생각했다. 그리하여 400평 전시장을 자신에게 설계 의뢰된 땅으로 간주하고 그 위에 자신이 생각하는 도시를 세우기로 했다.

전시회 주제는 '어반 보이드'였다. 달리 말하면 '비움의 도시'이다. 전시장에 들어서면 텅 빈 백색 공간이 나타난다. 구불대는 길을 따라가면 15개 공간에서 승효상의 대표 건축물이 모형과 이미지로 제시된다. 이 도시는 승효상이 주장하는 다원적 도시의 형태이다. 도로는 미로이고 도시를 집중시키는 광장도 없고 중앙 공원도 없다. 다만 길 곳곳에 빈 공간이 있다. 이 공간에서 사람들이 만나고 교차한다.

승효상은 알 수 없는 미래를 위해 빈 공간을 마련했다. 그곳에 정주할 이들의 모든 활동을 예측해서 마스터플랜을 짜겠다는 오만은 버렸다. 빈 공간은 끝까지 비어 있지 않는다. 그곳을 점유하는 사람의 의지로 바꾸거나 채워진다.

　이것이 승효상이 바라는 삶의 풍경이고 리얼리티다.

　승효상에게 건축은 비어 있음이다.

———

승효상 건축은 해외로 나아갔다. 2002년 승효상은 한국 건축가로는 여섯 번째로 미국건축가협회AIA: The American Institute of Architects 명예회원에 추대된다. 첫 명예회원이 된 건축가는 스승인 김수근1982이었다.

　2008년 승효상은 베니스 비엔날레 한국관 커미셔너를 맡았고, 2012년 베니스 비엔날레에서는 아시아에서 초청된 두 명의 건축가 중 한 명이었다. 2012년 베니스 비엔날레 건축전의 테마는 '공통의 기반'이었다. 전 세계 다양한 건축물들의 공통점을 통해 건축의 바탕을 탐구하자는 취지였다. 승효상은 노무현 전 대통령 묘역을 전시했다. 한쪽에는 죽은 자가, 다른 쪽에는 산 자가 거주하는 공간을 제시하며 동양과 서양의 공간 인식이 어떻게 다른지 드러냈다.

　승효상은 특히 중국에서 주목받고 있다. 중국 전통 문화와 역사를 건축에 담아내기 때문이다. 2001년 중국에 법인을 세운 승효상은 베이징 장성호텔, 천안문 부근 첸먼前門 거리 마스터플랜, 하이난 섬의 보아오 주거단지, 칭다오 인근 역사 도시 재개발 프로젝트 등을 맡았다.

2004년 국내에서 발간한 《건축, 사유의 기호》가 2007년 중국어로 번역 출간된 이후 중국 클라이언트의 의뢰가 부쩍 늘었다. 2015년에는 첫 저서인 《빈자의 미학》이 중국에 소개되었다. 나온 지 20년이 지난 책을 중국에 소개하겠다는 출판사에 그 이유를 물었더니 지금 중국에 필요한 글이라는 대답이 돌아왔다.

————

2011년 승효상은 중국의 예술가 아이웨이웨이艾未未와 함께 광주 디자인 비엔날레 총감독에 임명된다. 이전까지 디자인 총감독은 모두 시각 디자이너들이 맡았다. 건축가로선 처음이었다. 승효상은 우리 사회에서 디자인이 오용되거나 남용되고 있다고 생각하고 디자인이 과연 무엇인가를 보여 주자는 신념 아래 총감독직을 수락했다.

승효상은 노자의 《도덕경》에서 따온 '디자인이라 칭하는 것이 다 디자인이 아니다'라는 뜻의 '도가도비상도圖可圖非常圖, Design is design is not design'를 주제로 내걸었다. 전통적인 디자인 관념에 도발적인 질문을 던진 새롭고 혁신적인 작품을 전시했다. 생활 디자인에서 삶의 디자인까지 디자인에 대한 본질적 개념을 뒤흔들었다.

작가 수백 명을 상대하다 보니 골치 아픈 일이 많았다. 성질대로 하려

2016년 중국건축센터 주최로 중국 서안에서
열린 승효상 '메타시티' 강연 포스터

니 일이 되지 않았다. 고집 센 작가들을 상대하랴 관료들을 상대하랴 스트레스가 이만저만이 아니었다. 1년 반 동안 비엔날레를 준비하면서 스트레스를 하도 받아서 앞니 여섯 개가 부러지고 속도 망가졌다. 의사 말로는 이를 악무는 습관과 스트레스로 인한 과민성 대장 증상이라 했다.

2011년 광주 디자인 비엔날레에는 44개국에서 133명의 작가와 73개 기업이 참여했다. 디자인 비엔날레 사상 최다인 90만 명의 관람객을 동원했다. 해외 주요 언론들은 현대 디자인의 새로운 정의를 선보인 독특한 기획이 인상적이라고 호평했다. 광주 디자인 비엔날레로 승효상은 다시 한 번 자신의 건축 지평을 넓혔다.

————

2013년 2월 승효상은 서울시 건축정책위원장에 위촉된다. 유명무실한 건축정책위원회가 아니라 건축가들이 직접 의견을 내고, 그 의견이 반영될 수 있어야 한다며 박원순 서울시장에게 직접 건의한 뒤였다.

서울시 건축정책위원회는 공공 건축의 관행을 개선했다. 설계와 시공을 한 업체와 일괄 계약하는 턴키turnkey 발주를 없애고, 낮은 가격을 내는 업체를 채택하는 방식에서 디자인을 심사해 선정하는 방식으로 입찰 제도를 바꾸었다. 서울 건축의 기본 원칙인 서울건축선언도 발표했다. 지난날 경제 발전과 양적 성장이라는 프레임에 갇혀 주변과 단절되고 무미건조한 건축물을 짓던 방식을 반성함과 동시에 건축과 도시의 패러다임을 개발에서 지속으로, 채움에서 비움으로, 닫힘에서 열림으로 바꾸자고 선언했다.

2014년 9월 승효상은 서울시 초대 총괄 건축가로 임명된다. 총괄 건축가는 서울의 모든 공공 건축물과 도시 계획을 관리하는 역할이다. 승효상은 일주일에 두 차례 시청에 출근해 공공 건축과 도시 재생 등 서울의 건축과 도시 계획을 총괄하며 시장과 관료들에게 자문한다.

승효상이 꿈꾸는 서울은 '메가시티^{megacity}'가 아닌 '메타시티^{metacity}'이다. 메가시티는 성장과 팽창을 전제로 하지만 메타시티는 연계와 연대를 지향한다. 취임 이후 승효상은 서울의 역사와 풍경, 시민 삶의 회복을 최우선했다.

먼저 서울을 남북으로 가른 세운상가 2층에 보행로를 설치해 종묘에서 남산까지 연결하고, 서울역 고가를 보도로 재생해 한강에서 북악산까지 걸어갈 수 있도록 만들 계획이다. 세종대로 사거리부터 동대문까지 차로를 줄이는 대신 보행로를 넓히고, 끊어진 한양도성길까지 복원하고 나면 서울 전역이 보행 공간이 된다.

1000만 인구가 사는 세계의 메가시티 25개 중에서 산과 강을 품은 도시는 서울이 유일하다. 산 사이로 물줄기가 흘러나가는 풍경이 서울의 고유한 모습이며, 서울의 정체성이다. 지난 시절 서양 도시를 답습해 인공의 랜드마크를 세워 자연과 역사와 부조화한 풍경을 만들었지만, 회복할 원점인 산과 강이 있기에 서울에는 아직 희망이 있다고 승효상은 믿는다.

승효상의 책상 위에는 설계 도면 한 다발과 몽당연필 한 움큼이 있다. 현재 설계하고 있는 건물이 5개, 시공하고 있는 건물이 5개, 설계를 기다리고 있는 건물이 5개이다. 우리나라는 물론이고 중국, 미국, 말레이시아, 중동 등 세계 각지에서 프로젝트 제의가 들어온다. 프로젝트의 규모와 조건은 모두 다르지만 승효상의 바람은 매번 같다. 실수하지 않는 건축을 하는 것이다. 승효상은 건축을 통해 사람을 바꾸고, 세상을 일부라도 바꿀 수 있다고 믿는 건축가이다. 그도 이제 이순을 넘겼다. 혁명 같은 건축을 완수할 나이다. **b**

승효상 연보
승효상의 시간과 공간

부산 출생	1952
경남고 졸업, 서울대학교 공과대학 건축학과 입학	1971
공간연구소 입사	1974
서울대학교 공과대학 건축학과 졸업	1975
㈜ICC 엔지니어링 계획실	1978-1979
공간연구소 복귀, 서울대학교 공과대학원 공학석사 졸업	1979
오스트리아 빈 공과대학 유학, 결혼	1980
오스트리아 빈 공과대학 건축공학과 수학	1981
MMP(Marchart Moebius und Partner) 설계 사무소	1981-1982
공간연구소 복귀, 대표 이사(1986~1989)	1982-1989
설계 사무소 TSC 설립	1989
4·3 그룹 결성	1990
한국건축가협회상 수상(성북동 주택)	1991
'빈자의 미학' 선언, '이로재'로 사무소 개명, 한국건축가협회상 수상(눌원빌딩)	1992
김수근 문화상, 한국건축가협회상 수상(수졸당)	1993
서울건축학교 설립 참여(김원, 김영섭, 류춘수, 민현식, 승효상, 조성룡 등)	1994
한국건축가협회상 수상(대학로 문화공간)	1998
북런던 대학 객원 교수	1998-1999
파주출판도시 코디네이터	1999
한국건축문화대상, 한국건축가협회상, 김수근 문화상 수상(웰콤시티)	2000
국립현대미술관 선정 '올해의 작가', 미국건축가협회 명예회원 추대	2002
대한민국문화예술상 수상	2007
베니스 비엔날레 한국관 커미셔너	2008
제4회 광주 디자인 비엔날레 공동 감독	2011
베니스 비엔날레 건축전 초청	2012
서울특별시 초대 총괄 건축가	2014

이로재 건축 연보
연도는 설계 완성 시점

1990
성북동 강 사장댁, 서울
성북동 주택 2제, 서울
중앙프라자빌딩, 부산
나다 컨트리클럽 클럽하우스 계획, 경기도 안성

1991
수양빌딩, 부산
실크리버 컨트리클럽 클럽하우스 계획, 충청북도
　청주

1992
영동제일병원, 서울
이문 291, 서울
수졸당, 서울

1993
대학로 문화공간, 서울
제일병원 불임연구센터, 서울
제일병원 외래센터 리노베이션, 서울

1994
돌마루공소, 충청남도 당진

1995
순천향대학교 도서관, 충청남도 아산
순천향대학교병원 임상연구소, 서울
율동법당 계획, 경상북도 경주
세리헌, 경기도 가평

1996
윤산부인과병원, 경기도 구리
케이투(K2) 빌딩, 서울
제이산부인과병원, 충청북도 청주
미즈메디병원, 서울

1997
신동방본사 사옥, 서울
중곡동 성당, 서울
백운감리교회, 서울
현대고등학교 체육시설 계획, 서울
산본제일병원 본관, 경기도 군포
유시어터, 서울

1998
수백당, 경기도 남양주
삼윤빌딩 리노베이션, 서울

1999
안양대학교 강화캠퍼스 마스터플랜, 인천
파주출판도시, 경기도 파주
차의과학대학교 도서관, 경기도 포천
웰콤시티, 서울
삼세한방병원, 부산
세화병원, 부산

2000
한솔병원 리노베이션, 서울
한국예술종합학교 마스터플랜, 서울

성정빌딩, 경기도 수원
샘터 파주사옥 계획, 경기도 파주

2001
대전대학교 혜화문화관, 대전
베이징 장성호텔 클럽하우스, 중국 베이징 바다링
보아오 캐널빌리지, 중국 하이난성
차병원 증축, 서울
나리병원, 경기도 김포
미래산부인과의원, 강원도 춘천
동광감리교회, 전라북도 익산

2002
휴맥스 빌리지, 경기도 성남
삼표 사옥 인테리어, 서울
쇳대박물관, 서울
빈첸시오 클리닉, 경기도 부천
노헌, 경기도 양평
룽화진 주택단지 계획, 중국 선전
베이징 물류항도시 마스터플랜, 중국 베이징
풀무원 로하스아카데미, 충청북도 괴산
수눌당, 충청남도 아산
제주 4.3 평화공원 계획, 제주도

2003
닥터박 갤러리, 경기도 양평
산본제일병원 별관, 경기도 군포
강동미즈여성병원, 서울
엠–시티 마스터플랜, 중국 베이징

서초동 오피스빌딩, 서울
대전대학교 천안한방병원, 충청남도 천안

2004
강서미즈메디병원 키즈센터, 서울
동산교회, 경기도 안산
신사동 빌딩, 서울
팔판동 주택, 서울
아름다운가게 경기센터, 경기도 파주
책 테마파크, 경기도 성남
창덕궁 시설정비 마스터플랜, 서울
보오메꾸뜨르호텔, 제주도
마해송 문학비, 경기도 파주
파주식당, 경기도 파주

2005
차오웨이 소호, 중국 베이징
베이징 장성호텔 이차, 중국 베이징 바다링
향원감리교회, 강원도 철원
마라도 생태전시관 계획, 제주도
국립아시아문화전당 국제설계경기, 광주

2006
대장골 주거단지 계획, 경기도 화성
디엠지 평화생명동산, 강원도 인제
구덕교회, 부산
마리아병원, 서울
성만교회, 경기도 부천
은일고등학교, 서울

화성역사문화도시, 경기도 수원
영등포구 공공디자인 시범사업, 서울
양지주거단지 계획, 경기도 용인

2007
조계종 전통불교문화원, 충청남도 공주
교보파주센터, 경기도 파주
아티잰 사옥, 서울
현대해상 명동사옥, 서울
라온채, 서울
페퍼베르크 박물관 계획, 독일 베를린
구겐하임 아부다비 비엔날레 파빌리온 17 계획,
　아랍 에미리트 아부다비
진디 주상복합개발 계획, 중국 베이징
웨이하이 주거단지 계획, 중국 웨이하이
엘 끌레르, 서울
판교자연장지 계획, 경기도 성남
템플스테이 통합정보센터, 서울
행정복합도시 중심행정타운 국제설계경기, 세종
헌인도시개발사업 계획, 서울

2008
추사관, 제주도
베이징 첸먼다제 역사지구보존재개발계획, 중국
　베이징
동탄제일병원, 경기도 화성
지산 발트하우스 마스터플랜과 주택설계, 경기도
　용인
제주평화대공원 마스터플랜, 제주도
대전대학교 삼십 주년 기념관, 대전
로스앤젤레스 콘도미니엄 계획, 미국
　로스앤젤레스

청주중앙순복음교회, 충청북도 청주

2009
삼백육십도 지수화풍 골프클럽하우스, 경기도
　여주
모헌, 대구
우정, 대구
아르보 페르트 콘서트홀 설계경기, 에스토니아
　탈린
신동엽문학관, 충청남도 부여
사오싱 주거단지 마스터플랜, 중국 사오싱
센툴 D2 복합시설 계획, 말레이시아
　쿠알라룸프르
한국과학기술연구원 연구동 환경개선 마스터플랜
　및 L4연구동, 서울
풍남학사, 서울
청량리동 복합청사, 서울
경한사옥, 경상북도 경주
노무현 대통령 묘역, 경상남도 김해
퇴촌주택, 경기도 광주

2010
제문헌, 광주
서교동 근린생활시설, 서울
제주 살아있는 미술관 계획, 제주도
경주대학교 외국어학관 계획, 경상북도 경주
한국과학기술연구원 북문, 서울
용인주택, 경기도 용인
오대산 자연학습장, 강원도 평창
강서 미즈메디병원 신관, 서울
핑두역사문화지구 재개발계획, 중국 핑두

2011

충칭 주거단지 마스터플랜, 중국 충칭
오스트리아 한인문화회관, 오스트리아 빈
푸른길 문화샘터, 광주
서울대학교 인문관, 서울
롯데아트빌라스, 제주도
부여주택, 충청남도 부여
차의과학대학교 기숙사, 경기도 포천
차의과학대학교 약학대학, 경기도 포천

2012

동숭교회 사택, 서울
대구 약령시 상징문 계획, 대구
양평 쇳대박물관 계획, 경기도 양평
경주대학교 감포 연수원 계획, 경상북도 경주
상월대, 서울
우제길미술관, 광주
청천교회 계획, 인천
여미지 식물원 부속시설, 제주도
천호동 산후조리원, 서울
대학교 가로경관 마스터플랜, 서울
경산상례문화공원, 경상북도 경산
핑두주택문화관, 중국 핑두
차의과학대학교 강의행정동, 경기도 포천
용산공원 설계경기, 서울
현암, 경상북도 군위

2013

삼양화학 사옥, 서울
대구특수금속 세천 신공장, 대구
명필름 파주사옥, 경기도 파주
솔거미술관, 경상북도 경주

무주주택, 전라북도 무주
리움메디병원, 대전
말리부주택, 미국 로스앤젤레스
더 소스(The Source), 미국 로스앤젤레스
황산 주거단지, 중국 황산
타이위안 완커센터, 중국 타이위안

2014

디엠시(DMC) 복합쇼핑몰, 서울
시안추모공원, 경기도 광주
대전대학교 에이치알시(HRC), 대전
청고당, 경기도 성남
사근재, 경기도 성남
논산주택, 충청남도 논산
감천문화마을, 부산
경암교육문화재단, 부산
디자인 비따, 경기도 파주
징더전 프로젝트, 중국 징더전

2015

적도기니 저택 계획, 적도기니 몽고모
명례성지, 경상남도 밀양
테산핑 주거단지계획, 중국 충칭
유방 프로젝트, 중국 자싱

2016

볼보 전시장, 경기도 성남
염곡동 주택, 서울
경암교육문화재단 사옥, 부산
김포 애기봉 평화생태공원, 김포
명정, 경상북도 군위
사담, 경상북도 군위

04 승효상의 말

승효상에게 건축은 예술이나
공학의 일부가 아니다.
차라리 인문학에 가깝다.
동시에 혁명이기도 하다.
이로재와 월류헌을 오가며
승효상과 나눈 대화를
가감 없이 실었다.

"건축은 리얼리티에 관한 작업이지
판타지에 관한 작업이 아니에요"

건축은 예술인가, 공학인가. 예술이라기엔 건축주의 의지와 재력에 예속하고, 공학이라기엔 수치와 계산을 초월하는 숭고함이 있다. 그렇다면 예술과 공학의 착종錯綜인가. 근대 건축의 거장 르코르뷔지에는《건축을 향하여》에서 이렇게 말했다.

"모든 사람은 원초적 본능으로 자신의 안식처를 확보하고자 한다. 노동자나 지식인을 포함한 사회의 여러 계급 누구도 더 이상 적절한 안식처를 갖고 있지 못하다. 오늘날 깨어져 버린 사회적 안정을 해결할 열쇠는 건물의 문제에 있다. 건축이냐 혁명이냐."

기껏해야 재건축 연한이 임박한 아파트에 사는 나로서는 요령부득이었다. '건축 혁명'이나 '혁명기 건축'이란 표현은 들어 봤어도 '건축이냐 혁명이냐'라는 대구는 '망치냐 생물학이냐'는 말처럼 생경했다.

2015년 봄 승효상에게 처음 연락해서 인터뷰를 제안했다. 건축 설계와 단행본 집필, 출장 일정이 얽혀 있어 이러구러 1년이 지났다. 사나흘 애기할 겨를이 있는지 타진할 때마다 그는 외국에 나가 있거나 외국 출장을 앞두고 있었다. 2016년 봄부터 여름까지 나는 승효상과 세 번 만났다. 그가 대표로 있는 서울시 종로구 동숭동의 건축 사무소 이로재履露齋와 그의 아내가 조각보를 만드는 공간인 이화동의 월류헌月流軒에서 문답했다. 그의 말에 따르면 건축은 예술이나 공학의 일부가 아니라 인문학에 가까웠다. 동시에 혁명이기도 했다.

————

해외 일정이 많으십니다. 우선 강의가 많아요. 중국에 사무실이 있어서 나가고, 해외 건축 설계 프로젝트를 협의하러 가기도 합니다. 주로 그 세 가지예요.

연간 해외에 얼마나 체류하시죠? 100일에서 120일쯤 나가 있어요.

건축적으로 기억에 남는 도시가 있습니까? 제일 기억에 남는 도시는 인도 바라나시예요. 평상의 생각으로는 이해될 수 없는 도시죠. 바라나시에 갠지스 강이 흐르는데 거기에 목욕하러 오는 사람들이 있어요. 그 강에서 몸을 씻으면 성스러워지기 때문에 밤새도록 강가에서 기다려요. 그런데 한쪽에는 시체를 화장하는 장소가 있어요. 해가 떠오르기 시작하면 죽음과 삶이 동시에 한 공간에서 이루어져요. 돈을 넉넉히 주면 시체를 완벽히 태우고, 적게 주면 태우다 말아요. 사람들이 몸을 씻는 강

물에 시신이 떠내려가면 개들이 먹으려고 킁킁대며 짖어요. 이런 풍경이 한꺼번에 펼쳐집니다. 엄청나죠.

노무현 대통령 묘역[2009]**과 야외 봉안 묘역 '천의 바람'**[2016]**처럼 망자를 위한 공간을 여럿 설계하셨는데, 죽음이란 주제에 관심이 남다르신 듯합니다.** 건축이라는 것 자체가 우리 삶과 죽음을 다루는 거니까 건축을 잘하기 위해서라도 관심이 없을 수가 없죠. 삶과 죽음은 같은 선상에 있는 일이고, 산 자의 공간뿐만 아니라 죽은 자의 공간을 설계하는 것도 제 임무니까요. 우리나라는 사람들이 무덤과 가까이 있기를 꺼리지만 외국의 묘역들은 시내 한복판에 있어요. 죽음을 생각할 수 있는 삶이라면 경건해질 수밖에 없죠. 정신이나 영혼을 빛나게 하는 계기도 되고.

일과는 어떻게 되십니까? 여섯 시에 일어나서 일곱 시부터 건물 지하에서 검도를 합니다. 한 시간 반 검도를 하고 아홉 시부터 일합니다. 잠자리는 열두 시 전에 들려고 노력하는데 그러지 못하는 경우가 허다해요. 주말도 평일하고 비슷합니다.

직원들도 검도를 함께 한다던데 출근이 일러서 싫어지진 않나요? 저를 때릴 기회를 주는 거니까 싫을 이유가 없죠. 하하. 일주일에 사나흘 하는데 입사할 때 같이 한다는 서약을 받아요. 그런데 하다가 체질이나 성격상 중간에 그만두는 직원들이 많죠.

검도를 왜 좋아하십니까? 거의 모든 운동이 상대를 속이는 동

수졸당守拙堂
서울,1992

작이 있는데, 검도는 정직한 운동이에요. 남을 속이려고 포즈를 잡는 순간 얻어맞아요. 검도는 다른 준비 동작이 필요 없어요. 공격한다고 알려 주고 나서 바로 들어가는 거예요. 본질로 파고들기 때문에 제 적성하고 잘 맞아요. 단도직입이라는 말이 있지 않습니까. 검도 정신을 표현하는 말이에요.

직원에게 안내를 받아 사옥을 둘러봤습니다. 지하 1층은 검도장과 모형 제작실, 1층은 선생님의 작업실, 2~3층은 직원들의 사무 공간, 4~5층은 선생님의 살림집이더군요. 사장실은 보통 건물 꼭대기에 있던데 여긴 어째 1층입니다. 제일 도망가기 쉬우니까요. 하하.

집이 위에 있으니 수시로 내려와서 들여다보시겠네요. 그래서 아주 늦게 올라가죠. 집에는 자러만 가고 대부분 여기 있어요.

집에 올라가실 때 어떤 직원이 남아서 일하는지 보이실 텐데. 출입 동선이 달라요. 내부 계단을 통해서는 위로 올라갈 수가 없어요. 퇴근할 때는 반드시 밖으로 나가서 2~3층을 안 들르고 위로 올라가니까 알 수가 없죠.

내부 계단이 좁고 가파릅니다. 특히 지하 1층과 연결된 내부 계단은 아예 나선형이던데 불편하진 않습니까? 편하게 다니려면 다른 길로 가면 돼요. 다 연결되어 있습니다. 그래도 이런 길로 다니면 다른 공간으로 이동한다는 것이 자각되지 않겠어요? 경사가 급하니까 조심하게 될 수밖에 없고. 그런 걸 일깨우는 의미도 있죠.

이로재에 직원이 몇 명인가요? 서울에 서른 명이 있고, 북경에 열 명이 있습니다.

매년 한 번 공채를 하시던데 채용하실 때 어떤 부분을 가장 중점적으로 보십니까? 제가 뽑지 않고 직원들이 뽑아요. 저는 나중에 보고만 받아요. 제가 항상 그래요. 너희들이 같이 일할 친구니까 너희들이 뽑으라고. 그러니까 직원을 잘못 뽑아도 저는 책임이 없어요. 하하.

그래도 일관된 인재상은 있을 텐데요. 팀워크가 중요하니까 자기들이 어울리기 즐거운 친구들을 채용하는 게 당연하죠. 대신 부탁은 해요. 우리 직원들이 대부분 내성적이고 조용하니까 시끌벅적한 사람을 뽑으라고 하는데, 잘 안 뽑더라고요.

건축가들이 대체로 내성적이고 소심한가요? 건축가는 대범하면 안 돼요. 다른 사람의 생명과 재산을 지키고 보장하는 사람인데, 이렇게 살아, 하고 선을 마음대로 그으면 어떻게 하겠어요.

평론하는 분들은 '대범한 디자인'이라는 표현을 사용하곤 하던데요. 결과적으로 대범한 디자인이 나왔더라도 그 디자인이 나오기까지는 무지하게 소심해야 돼요. 이렇게 그을까, 저렇게 그을까. 이 판단을 못해서 시간을 보내요. 한번 선을 긋고 나면 삶이 달라지니까요. 막판이 되어서야 겨우 시간 때문에 마무리를 하는 거예요. 마무리하고 나서도 이게 과연 맞을까 하는 의문이 들어요.

수백당守白堂
경기도 남양주, 1998

직선처럼 시원시원한 삶은 아니군요. 나도 내가 왜 이렇게 살까 싶었는데 마티 메지드^{Matti Megged}의 《공허에서의 대화^{Dialogue in the Void}》라는 책을 보고 알았어요. 친구 사이인 사무엘 베켓과 자코메티의 작업을 비교해서 쓴 글인데, 작가는 그 둘의 창작의 근원이 강박 관념이라고 기술해요. 실패하면 어떻게 될까. 이런 두려움 때문에 그들이 작품을 만든 것이라고 결론을 내려요. 그 책을 읽고 얼마나 위안을 받았는지 몰라요. 실패에 강박 관념이 있으니 소심할 수밖에 없죠. 그렇지만 겉보기에도 소심하면 누가 일을 주겠어요? 겉으로는 대범한 사람처럼 술도 확 마시고, 돌아서서 후회하고 그러죠.

드라마나 영화 속에 등장하는 건축가의 모습과는 거리가 멉니다. 남들이 보기에는 뭔가 있어 보인다고 환상을 가질 수 있겠지만 건축가 스스로는 환상이 없어요. 건축은 리얼리티에 관한 작업이지, 판타지에 관한 작업이 아니에요. 예를 들어 건축 설계를 하고 나서 이 건물에 당신이 살게 되면 행복해질 겁니다, 이렇게 얘기하는 사람은 사기꾼이에요. 이렇게 설계한 부분을 다르게 설계하면 당신의 삶이 이렇게 바뀝니다, 이런 이야기를 해야 하는 거예요. 건축은 미래의 작업이 아니라 현재의 작업이에요. 그래서 건축가는 지극히 리얼리스트여야 해요. 그게 다른 사람이 보기에는 근사하게 보이는 거죠.

**"건축의 목적은 다른 사람의 삶을 행복하게 해 주는 거예요.
건축가는 어떻게 살아야 행복한지 가장 잘 알아야 해요"**

　　　　　**그럼 리얼리스트로서의 현실은 어떻습니까? 영화와는 딴판인
비루한 삶인가요?** 아뇨. 건축가들이 실제로 잘 살아요. 그런데 돈이 많아
서 잘 사는 게 아니라 잘 사는 법을 알아서 잘 살아요. 사실 다른 사람의
기준으로 따져 보면 정말 돈 없어요. 제 경우가 딱 그래요. 제 나이가 지금
몇입니까. 동창들 만나면 다들 엄청나요. 그렇다고 그 친구가 저보다 행
복할까요. 아닐 거라 생각합니다. 자신 있습니다.

　　　　　**건축을 하려면 본인이 돈이 많거나 배우자가 돈이 많거나, 아
니면 인맥이 좋아야 한다는 얘기가 있습니다.** 스스로 비하하는 얘기예요.
건축은 그런 게 결코 아닙니다. 물론 건축가가 되려면 아주 힘든 과정을 거
쳐야 하지만, 건축가가 되고 나면 그런 문제는 자연히 해결됩니다. 건축에
대한 생각을 뚜렷이 한 다음에 어떤 건축을 하겠다고 선언하고, 그대로 실
행하면 크레디트가 쌓이면서 '나는 당신 생각에 동의한다. 내 삶도 그렇게
되도록 해 달라'는 사람들이 반드시 있게 마련입니다. 그때까지만 괴로워
요. 그 괴로움도 괴롭다 생각하지 말고 그 안에서 가치를 찾으면 돼요. 돈
이 많아서 행복한 사람보다 불행한 사람이 훨씬 더 많잖아요. 건축의 목
적은 다른 사람의 삶을 행복하게 해 주는 거예요. 건축주에게 '이렇게 살

면 행복해질 겁니다'라고 말하려면 어떻게 살아야 행복한지를 공부해서 가장 잘 알아야 해요. 그걸 아는 사람이라면 자기 삶은 어떠해야 할지 이미 안다고 봐야죠. 그게 돈하고 관계없는 경우가 대부분이에요. 자기 성찰이나 단련, 연마를 통해서 이루어지는 일이니까요. 돈이 많거나 부모가 능력이 있거나 배우자가 뭐가 있거나, 그런 것들은 하등의 관계가 없어요.

아이러니하게도 건축가라는 직업은 3D 업종으로 알려져 있는데요. 3D라는 말이 나오기 전부터 공간 추리 능력이라고 했죠. 평면을 보고 입체로 이해하는 거예요. 우리 같은 사람은 어딜 찾아갈 때도 지도를 한 번 보면 그 다음부터는 안 봐도 돼요. 그게 입체로, 공간으로 기억이 됩니다. 건축가가 도면을 그리면 평면으로 그리되 입체를 생각하면서 그려야 실제 공사를 했을 때 똑같이 나와요. 건축가한테는 가장 중요한 능력인데, 이 능력이 없는 친구들도 있어요. 1미터가 어떤 크기인지, 10센티미터가 얼마나 되는 크기인지 몰라요. 요즘은 캐드로 그리는 시대라서 축소, 확대가 맘대로 되니까 이걸 모르는 사람도 많죠. 그 사람들은 결국 건축을 잘 못해요.

3D 업종이란 말에 곧바로 입체를 떠올리셨네요. 역시 건축가다우십니다. 제 질문의 취지는 행복한 삶이 무엇인지 잘 아는 사람이 건축가라 하셨는데, 정작 건축가라는 직업은 힘들고difficult**, 더럽고**dirty**, 위험한**dangerous **3D 업종이 아니냐는 얘기였습니다.** 하하. 3D 맞습니다. 틀

림없습니다.

우리나라만 그런가요? 아뇨. 전 세계가 다 그래요. 지금은 캐드를 쓰니까 덜한데, 캐드가 도입되기 전에는 어느 나라 설계 사무소에 가도 냄새가 비슷했어요. 땀 냄새. 밤샘 냄새.

야근이 왜 그리 많습니까? 애초에 일정을 넉넉히 잡고 차근히 설계하면 안 되나요? 기일을 더 줘도 마찬가지예요. 아까도 말했지만 결정을 못해서 그렇습니다. 최고 책임자가 판단이 서지 않으니까 이렇게 할까, 저렇게 할까, 계속 미루는 거죠. 저는 그게 그 건축에서 살게 될 사람들에 대한 애정과 존경 때문이라고 생각해요. 몰아서 밤새워 일하는 건 건축가라면 마땅히 해야 할 직능의 형태라고 봅니다.

건축가로서의 사명을 구실로 과도한 노동을 요구하는 건 아닐까요? 과도한 노동이라는 말의 정의를 잘 모르겠네요. 자기가 좋아서 하는 일이고 자기가 가치가 있다고 생각해서 하는 일인데, 과도한 일이 나쁜 건가 하는 문제도 나는 잘 모르겠어요. 물론 직원들이 동의하지 않는데 밤새워 일하라고 강요하는 건 굉장히 나쁘죠. 직원들이 동의하고, 직원들도 그 안에서 가치를 찾을 수 있을 때만 가능한 일이죠.

건축계는 학벌, 파벌이 심하다고 들었습니다. 왜 그런가요? 자기주장이 없어서 그렇죠. 다른 분야도 마찬가지겠지만 자기주장이 있으면 계파나 종파에 휩싸이겠어요? 학교 선배한테 기대는 편이 쉬우니까 그렇게 가는 거죠.

학벌과 파벌 때문인지 몰라도 건축 비평 문화가 척박합니다. 오죽하면 칭찬만 늘어놓는 주례사 비평이라는 얘기도 있던데요. 그렇습니다. 우리나라 건축 평론은 60년대 말, 혹은 70년대에 가장 활발했어요. 그 이후로 다 죽었죠. 지금은 주례사 비평이 주를 이루고 있는데, 이유가 뭘까 곰곰이 생각해 보니까 우리나라 건축이 일이 너무 많은 거예요. 제가 런던에 잠깐 있었는데 거기는 일이 거의 없어요. 건축을 공부하고 나서 가장 하기 쉬운 일이 학교에 가서 가르치는 일이에요. 그러다 현상 공모가 있으면 벌떼처럼 달려들어요. 그런 기회를 잡기 위해서 길거리에 있는 건축가들이 많은데 다들 실력이 굉장해요. 항상 칼을 갈고 있어요. 어떤 이슈가 생기면 논쟁을 아주 치열하게 해요. 그 사이에서 비평과 평론이 싹트죠. 그런데 우리나라는 그런 논쟁을 안 해도, 자기주장을 펼치지 않아도 얼마든지 먹고살 수 있어요. 일이 널려 있으니까. 그러니 눈 돌릴 틈이 없죠. 예전에 IMF가 왔을 때 일이 잠깐 줄어든 적이 있었어요. 그때 제가 일이 없는 상태가 10년은 지속돼야 우리나라 건축이 산다고 했는데, 2~3년 지나니까 다시 회복이 되어서 기회를 놓쳤어요. 요즘 우리 경제가 불황이라지만 사실 지금은 불황이 아니에요. 불황은 호황이 온다는 전제하에 불황인데, 앞으로 호황은 오지 않는다는 얘기죠. 이런 저성장 시대를 우리는 맞이한 적이 없어요. 이 상태가 더 지속되면 평론과 비평이 활발해지지 않을까 생각합니다. 그럴 조짐이 보이고 있어요.

"건축은 건축가가 만들지만
좋은 건축가는 좋은 건축주가 만듭니다"

　　건축 문화의 토대가 되는 우리 국민의 건축 의식은 어떻게 보십니까? 아직도 거의 다 부동산으로 이해하고 있어요. 전보다는 많이 나아졌지만 선진국에 비하면 한참 아래입니다. 국민 수준보다 정치하는 사람들, 정부의 수준이 더 낮아요. 프랑스는 건축법에서 제일 먼저 나오는 대목이 '건축은 문화다'예요. 우리는 안전과 무엇과…… 하여튼 말이 안 되는 법규적인, 실무적인 이야기로 건축을 규정하죠.

　　프랑스에서 건축 관계 법령은 우리로 치면 국토교통부 관할인가요? 아닙니다. 문화부 관할입니다. 그런 나라들이 굉장히 많아요. 영국도 건축이 독립되어 있죠.

　　그럼 우리나라 건축은 어느 정도 수준에 와 있나요? 건축은 건축가가 만들지만 좋은 건축가는 좋은 건축주가 만듭니다. 좋은 건축주는 일반 국민에서 나오니까 우리 건축 수준도 건축 선진국에 비해 동등하다고 보기가 어렵습니다. 그리고 서울만 하더라도 1만 명 이상이 건축사 라이선스를 받아서 건축을 하는데, 그중 일반적인 개념의 건축가라 할 수 있는 사람이 몇 명이나 있을까 싶어요. 심지어 남의 설계를 뺏어서 자기가 감리하겠다고 설계와 감리를 분리하자고 하는데, 대다수 건축하는 사람들이 찬동하고 있거든요. 이건 도둑질을 하겠다는 것과 마찬가지예요. 건축하는 사람들이 가장 큰 문제일 수 있어요.

건축계에서 손꼽히는 명사이신데 직접 나설 생각은 없으신지? 저 같은 사람은 사실 우리나라 건축계에서 비주류예요. 젊을 때는 그런 단체를 개혁하려고 했지만 저는 항상 비주류였고 소수였으니까 안 되는 거예요. 안 된다는 걸 확실히 알고 난 뒤부터는 그런 모임에 한 번도 나간 적이 없어요. 주류는 다른 데 있어요. 이런 이야기에 관심 없고, 그냥 프로젝트 많이 따서 돈 많이 벌고, 남의 일 뺏어서 하고, 건축 회사의 하수인이나 건축주의 시녀가 되고, 정부에 빌붙어 로비나 하고, 이런 쪽이 주류예요. 그런 사람들이 건축계를 좌지우지하고 있으니까 우리나라 건축 수준이 높다고 결코 이야기할 수가 없죠.

건축 분야의 노벨상이라는 프리츠커상賞 수상자가 국내에 아직 없는 이유도 여기서 기인할까요? 상이라는 건 부질없어요. 저도 여러 상을 받기는 했지만 건축에서 상을 준다는 게 과연 온당한 일인지 근본적인 회의가 있어요. 그나마 프리츠커상은 작가한테 주는 상이에요. 그 작가가 이룬 평생의 업적에 주는 상인데, 요즘은 좀 바뀐 것 같아요. 평생 업적이라기보다 건물 몇 개를 잘 설계하면 주는 그런 상. 젊은 친구한테도

주니까요. 그런데 그런 상을 받으려면 우선 그 사람이 어떤 작업을 했는지가 먼저 알려져야 하겠죠. 하지만 건축가가 자기선전을 하지는 않아요. 사람들이 그 건축에 대해 얘기해 주거나, 아니면 저널이나 출판에서 이야기하는 분위기가 필요하죠. 그러려면 국민 전체의 건축에 대한 이해와 저력이 전제되어야죠. 노벨 문학상도 그렇잖아요. 밀실에서 대작을 썼다고 상을 받습니까? 출판도 필요하고, 번역가도 필요하고, 독자도 필요하고, 이런 뒷받침이 없으면 할 수 없는 일이죠. 건축도 마찬가지인 것 같습니다.

큰 의미는 없다고 하셨지만 그래도 일본은 단게 겐조 Tange Kenzo **부터 안도 다다오**Ando Tadao**, 반 시게루**Ban Shigeru**에 이르기까지 프리츠커상 수상자가 일곱 명이나 있습니다.** 일본은 일찍부터 사회 저변에 건축에 대한 이해가 있었어요. 예컨대 기업이 해외에 나가 건축을 하면 꼭 일본 건축가를 데려다 썼어요. 각 지방에서도 밀어주는 대표적인 건축가들이 있어요. 자기 나라, 자기 지방에 애정이 있는 거죠. 우리나라는 거의 반대예요. 우리나라 기업이 건물을 지을 때 어디 우리나라 건축가를 쓰나요? 전부 외국 건축가를 불러서 쓰죠. 톱클래스 외국 건축가들은 대부분 저하고 잘 알아요. 그 사람들이 항상 저한테 그래요. 너희 땅에 들어서는 건물인데 너희 나라 건축가는 왜 등장하지 않느냐고. 의문과 조소가 뒤섞인 얘기를 하는데 부끄러워 죽겠어요.

국내 건축가들이 세계 수준에 뒤처지지는 않습니까? 실력 차

웰콤시티
서울, 1999

이는 없어요. 그렇지 않다면 한국에 가만히 앉아 있는 저 같은 사람을 왜 외국에서 불러서 설계를 맡기겠어요. 제가 오래전부터 중국에서 설계를 하고 있는데, 저한테 일을 주는 중국 클라이언트가 베이징 중심에 건물을 지었어요. 우리나라 대기업이 미국 건축가에게 맡겨서 지은 건물 바로 옆이었어요. 제 클라이언트가 저한테 그러죠. 나는 너를 데리고 와서 중국 땅에서 하는데 왜 한국 기업은 미국 건축가를 데려와서 하느냐고, 이게 말이 되느냐고. 우리나라 거물들이 우리 건축을 진흥시킬 마음이 전혀 없는 거죠. 문제라고 봅니다.

보는 사람마다 다르겠지만 저는 삼성동 아이파크타워[2004]**가 들어섰을 때 디자인 과잉이란 느낌이었습니다. 나중에 찾아보니 다니엘 리베스킨트**[Daniel Libeskind, 1946-. 미국의 건축가로 유대계 폴란드인이다. 베를린 유대인 박물관 등을 설계했다]**라는 거장이 설계했다는데 그런 분들이 왜 우리나라에만 오면 실력 발휘가 안 될까요?** 클라이언트들이 명품을 쇼핑하듯 들여오는 겁니다. 어떻게 보면 삼성미술관 리움도 그래요. 건축을 예술의 일종이라 생각해서 세 명의 유명한 건축가를 컬렉션 하듯이 데려와서 집어넣은 거죠. 뭐라고 할까요. 호사가들의 취미처럼 건축을 생각하니까. 건축은 결코 그런 게 아니거든요. 건축을 바로 세우기 위해서는 땅에 대한 이해가 필요하고, 그 땅에 사는 사람들에 대한 애정과 존경이 필요하거든요. 사실 건축가들도 문제라고 할 수 있어요. 그런 요구를 받더라도 한국에 대해 열심히 공부하고 이해해서 지어야 하는데, 하도 저자세로 구니까 브랜드 하나 던지듯 하는 거죠.

경제적인 이유는 없을까요? 임대 면적을 최대한 뽑아야 하는 건축주 입장에서는 내부는 평범하게 하고, 외부만 화려하게 치장하는 편을 선호할 수 있을 텐데요. 그렇게 요구하는 건축주들도 많지만 그런 요구에 모두 응한다면 그 사람은 건축가가 아닙니다. 건축주의 시녀나 하수인밖에 되지 않죠. 건축가는 건축주를 위해서 일하는 게 틀림없지만, 동시에 사회 공공성을 위해서 일해야 돼요. 사회가 요구하는 것과 건축주가 요구하는 것이 상충할 때 바른 건축가라면 사회 편을 들어줘야 해요.

사회가 요구하는 건축이 뭔가요? 건축이 지녀야 할 윤리를 뜻합니다. 건축주뿐 아니라 일반 시민들의 이익도 지킬 수 있어야 해요. 어쩌면 건축주는 그 건축의 사용권만 가지고 소유권은 사회가 갖는 게 맞아요. 예컨대 《샘터》라는 잡지의 사옥이 서울 대학로 대로변에 있어요. 김수근 선생님께서 1970년대 말에 설계하신 건물인데, 1층 가운데 부분이 비워져 있어서 앞의 큰길과 뒤의 작은 길을 이어 줍니다. 비 오는 날이면 비가 그치기를 기다리는 행인들로 북적한 공간이에요. 그 일대에서 땅값이 가장 비싼 곳이라 빈 공간에 카페를 차리면 큰 수익을 올리겠지만, 그 건축의 주인은 그 공간을 공공에 내주었어요. 이제는 모두를 위한 공공의 장소가 되었죠.

이로재가 전에는 그 건물에 있었다고 들었습니다. 거기에 10년 정도 있었어요. 어느 날 생각해 보니까 10년 동안 한 번도 임대료가 안 오른 거예요. 샘터사 주인이 김재순 전 국회의장이셨는데 저한테 얘기를 못하신 거예요. 얼마나 염치가 없어요. 알아서 올려드려야 했는데. 들어올 때도 싸게 들어왔거든요. 얼굴이 화끈거려서 살 수가 없었어요. 그래서 곧장 이 동네 땅을 알아보다가 여기가 나왔다고 해서 다음 날 바로 계약했어요. 설계도 뭐도 없이 허가만 받고 건물을 부랴부랴 날림으로…… 빨리 빠져나온다고. 2001년 말에 터를 잡고 2002년 3월에 입주했어요.

분명히 미담입니다만 공익을 위해 사익을 양보하는 건축주가 어디 흔할까요? 건축가는 자신이 생각하는 공공적 가치를 가지고 건축주를 설득할 수 있어야 합니다. 건축주가 건축가를 고르기보다 건축가가 건축주를 고를 수 있어야 돼요. 건축을 하기 위해 많은 공부를 하고, 학습한 결과 어떤 건축을 하겠다고 선언하고, 자기 색깔을 분명히 한 연후에 자기 색깔에 맞는 건축주를 고를 자신이 있어야 건축가라고 이야기할 수 있습니다.

프로젝트를 수행하다가 가치관 차이로 무산되는 경우도 있습니까? 굉장히 많죠.

구체적으로 어떨 때인가요? 사회적 요구에 반하는 요구를 하는 거죠. 옆집들이 2~3층인데 10층짜리를 지어 달라면 법적으로는 문제가 없어요. 하지만 안 됩니다. 5층까지만 올라가는 게 좋습니다. 그러면 건

코뮌 바이 더 그레이트 월 클럽하우스
중국 베이징 바다링八達嶺, 2001

축주는 법적으로 가능한데 왜 5층까지만 지으라고 하느냐, 이러는 거죠.

왜 5층까지만 지으라고 하셨죠? 큰 건물을 지으면 주변과 조화가 안 되니까요.

건축법을 위배하지 않는다면 건축주 의사를 존중해야 하지 않나요? 건축물이 하나 들어서면 그 건축물은 많은 사람에게 영향을 줄 수밖에 없습니다. 그 영향을 선하게 만들어 주려면 건축가의 직능은 사회와 시민에 봉사하는 것이 우선이고, 건축주 개인의 이익을 지키기 위해 봉사하는 건 두 번째죠.

건축 철학을 고집하시다가 사무소가 경영난에 빠진 적은 없습니까? 지금은 맷집이 세져서 프로젝트가 무산되어도 괜찮아요. 초기에는 곤경에 많이 처했죠. 이걸 무산시키면 당장 내일모레 줄 월급이 없는데…… 이런 생각이 들기도 했지만 그걸 하면 나는 건축주의 시녀밖에 안 되는 거예요. 건축가가 그러면 안 되죠. 프로젝트 무산이 무서워서 건축주 말을 들어주는 사람이 굉장히 많아요. 특히 젊은 건축가들.

건축가가 먼저 그만하겠다고 하면 설계비는 어떻게 됩니까? 못 받죠.

그동안 들어간 노임이 있는데 그래도 일부는 받을 수 있지 않나요? 그걸 계산하기도 구차해서 그냥 가십시오, 하는 거죠. 요즘에는 많이 줄었는데, 초기에는 저를 잘 몰라서 그런 일이 비일비재했습니다.

그럼 착수금은 어떻게 되죠? 착수금을 받고 하는 경우가 대부분인데, 제 경우에는 착수금을 돌려주는 일도 있었어요. 당나라 시인 유종원이 쓴《재인전梓人傳》을 최근에 읽었는데, 오늘날의 건축가에 해당하는 재인의 태도에 대한 대목이 나와요. '부유아칙비不由我則比 유이이거悠爾而去 불굴오도不屈吾道 시성량재인이是誠良梓人耳'라고 해서 건축주의 요구 조건이 부당하다고 느낄 때는 그만하고 떠나야 진실로 뛰어난 재인이라는 뜻이에요.

**"군사 독재의 강압이 절망처럼 느껴지던 때
김수근 선생님의 건축은 제게 구원의 빛이었어요"**

말씀을 듣자니 건축가란 직업이 일종의 성직이란 느낌마저 듭니다. 그런데 어쩌다 건축가가 되셨습니까? 좋은 건축에서 살면 좋은 사람이 되고 나쁜 건축에서 살면 나쁘게 되기 마련이니까 저는 제 직업을 성직이라 여깁니다. 한때 저는 목사나 신학자가 되려고 했어요. 모태 신앙이니까 제가 선택하지 않은 종교를 제가 왜 가지고 있는지 의문이 있었어요. 그래서 한국 기독교에서 터부시하는 술 담배를 하고 반항을 하다가 종교를 근본적으로 알아볼 필요가 있겠다고 생각했죠. 또 그때는 신학을 하겠다는 친구들이 공부를 못했어요. 저런 애들이 신학을 하면 나중에 신자들이 어찌 될까, 이런 생각도 했어요. 그런데 제가 장남이고 가문을 일으켜야 하니까 부모님이 하지 말라고 하셨어요. 신학을 포기하고는 대학을 안 가려고 했어요. 대학 가 봐야 뭐하나, 세월만 들고. 이런 생각에 모의고사 때 백지를 내고 술도 엄청 많이 먹었어요. 그러다 1970년 10월 15일에 결심했죠. 우리 누님 결혼하는 날이었는데, 누님이 건축을 하라고 간곡히 설득하는 바람에 마음을 바꿔서 그때부터 공부하기 시작했어요. 1971년 1월 18일 대학 입학시험을 치를 때까지 내 의지로는 잔 적이 없어요. 우여곡절이 많았지만 지금은 누님한테 정말 감사하게 생각합니다.

누님이 결혼하신 날도 그렇고, 입학시험 보신 날도 그렇고 기억력이 비상하십니다. 저는 몇 해 전 일도 까마득한데. 제가 노트하는 습관이 없었어요. 머리에 다 있는데 왜 노트를 해. 하하. 그러다 요즘 낭패를 보고 있죠. 기억력이 떨어져서 이제 기억이 안 나니까.

서울대 건축학과 71학번이십니다. 이공 계열 입시에서 건축학과 커트라인이 의예과보다 높았던 해라던데. 아마 꼴찌로 들어갔을 거예요.

대학 생활은 거의 안 하셨다고. 우리 때부터 교련 반대, 1972년에는 유신 헌법이 제정되어서 반대, 노상 데모니까 학교도 휴교, 휴업이라 공부할 수도 없었습니다. 지방에서 올라온 저 같은 사람은 데모대에 앞장섰는데 학과 선배가 '넌 건축해라' 이러면서 쫓아냈어요. 그때부터 사회와 절연하고 건축에 매진했는데 학교 수업이 마음에 안 들었어요. 이따금 수업에 들어가면 교수님들이 만담조로 이야기를 하셨지, 학구적인 분

위기는 아니었어요.

그럼 건축 공부는 어떻게 하셨어요? 우선 건축이 무엇인지 알아야 다음 공부를 할 텐데, 본질적인 물음에 답해 주는 선생님이 학교에 없었어요. 당시 제가 유일하게 좋아했던 조교 한 분이 저한테 끊임없이 얘기해 줬어요. 무슨 책을 읽어라, 어떤 도면을 카피해라. 제가 듣거나 말거나 그러셨는데 전부 진리였어요. 그분 말씀을 많이 따라 했죠. 그러니까 다 독학이에요, 독학.

건축은 실기가 있는데 독학이 가능합니까? 수업에는 안 나갔지만 제도실에는 계속 있었어요. 당시에는 건축이 미술의 일부라서 대한민국 미술 전람회에 건축 부문이 있었어요. 거기에 출품하는 거예요. 스스로 주제를 정해서 연구하는 거죠. 선배 둘, 동기 한 명과 팀을 이루어서 국전을 목표로 우리끼리 공부했어요. 그리고 미국 문화공보원 도서실에 가서 건축 책을 달달 외울 정도로 읽었어요.

그러다 대학교 4학년 때 김수근 선생을 만나게 되십니다. 1974년 5월이었어요. 학과 애들이 김수근 선생님을 만나는데 같이 가자고 해서 '공간'에 갔어요. 그런데 저는 선생님 태도가 마음에 안 들었어요. 아킬레스건을 다쳤다고 다리 한쪽을 책상에 올리고 시건방지게 얘기하는데, 저 사람은 나하고 절대 맞지 않는다고 생각했어요. 하하. 그래서 문하에 갈 생각이 없었는데 그해 12월에 대학 은사께서 가라고 하는 바람에 들어가게 되었어요.

그때 이미 김수근 선생은 한국 건축계의 독보적 존재였습니다. 은사께서 수업에도 들어오지 않는 학생에게 왜 그런 기회를 주셨을까요? 모르겠어요. '공간'에 가야만 제대로 할 수 있다고 보셨는지, 김수근 선생님이랑 잘 맞는다고 보셨는지. 그래도 제가 학교에서 건축을 잘한다고 소문이 났었으니까…… 제가 그림을 꽤 잘 그렸는데, 설계를 못해도 그림으로 표현만 잘하면 잘한 것처럼 보여요. 동급생들도 저한테 마지막 표현을 해 달라고 부탁해서 아르바이트로 하기도 했어요. 건축의 본질과 무관하다는 걸 나중에 알게 되었지만 그때는 제가 건축을 잘한다고 생각했죠.

1974년 12월 '공간'에 입사한 뒤로 밤낮없이 일하셨습니다. 입사 첫해에 가장 밤을 많이 새운 직원으로 뽑히셨는데, 스스로를 혹사한 이유가 뭐였습니까? 군사 독재의 강압이 절망처럼 느껴지던 때 김수근 선생님의 건축은 제게 구원의 빛이었어요. 그 속으로 도피하듯 몰두했어요. 거의 매일 밤을 새우며 세상과 절연했어요. 그러지 않으면 길거리에 나가 돌을 던져야 했으니 건축은 제게 사투였죠. 제도판 밑에 스티로폼을 깔고 자기도 하고, 밤을 새다가 졸리면 소주를 마셨어요. 술을 너무 많이 먹으면 취해서 뻗지만, 한 병 정도 먹으면 각성제 역할을 해요. 알코올에 에너지가 있거든요.

**"김수근 선생님이 한 장 그리라고 하면
나는 두 장, 세 장 그렸어요.
아침이면 들고 가서 대치했지만 그때마다 패퇴했어요.
그 과정에서 엄청나게 많이 배웠죠"**

김수근 선생과는 사이가 어땠습니까? 만날 충돌했죠. 최대의
적이 김수근 선생님이었어요. 얄밉기도 얄미워요. 열한 시쯤 자기는 퇴
근하면서 '이거 빨리 그리고 퇴근해라' 이러는데 어떻게 퇴근해요. 그러
면 또 밤을 새는데 선생님이 한 장 그리라고 하면 나는 두 장, 세 장 그렸
어요. 아침이면 들고 가서 대치했지만 그때마다 패퇴했어요. 그 과정에
서 엄청나게 많이 배웠죠. 악착같이 하니까 선생님도 제가 마음에 드셨겠
죠. 이야기도 많이 했고.

김수근 선생이 다른 직원에게도 그랬나요? 저는 굉장히 특별
했어요. 다른 직원들이 샘냈지만 그때 저는 안하무인이었어요. 지금은 몸
이 이래도 그때는 하도 야위어서 역광으로 보면 안 보인다고 할 정도였어
요. 만날 밤샘하니까 눈은 항상 핏빛이고, 술 냄새는 노상 풍기죠. '공간'
에서 가까이 지내는 사람도 없었고. 그러다 한번 놀면 미친 듯 놀았어요.
'개구신'처럼 노니까 저를 정상으로 보는 사람이 없었어요. 그러니까 '공
간'에서 김수근 선생님하고 대결하는 유일한 사람이었죠.

김수근 선생을 뭐라고 부르셨어요? 선생님이라고 불렀는데 우리끼리는 '왕당'이라고 했어요. 하도 카리스마 있어 보이니까 '공간' 사람들이 부르는 속칭이었어요. 한번은 제 후배들이 김수근 선생님을 모시고 이야기를 하고 싶다고 해서 모시고 간 적이 있어요. 그때 후배들이 '승 선배가 선생님을 왕당이라고 부르는데 어떻게 생각하십니까?' 이러니까 선생님이 '이 친구 콤플렉스지 뭐' 그러셨어요. 하하.

김수근 선생의 카리스마가 싫었다고 하셨는데 선생의 권위에 저항하신 적은 없으십니까? 김수근 선생님이 고약한 성질이 있어요. '공간'에 담쟁이가 있는데, 담쟁이 이파리 하나만 떨어져도 일하는 사람한테 막 뭐라고 그래요. 관리 못한다고. 아니, 일하는 사람이 무슨 죄예요? 자연의 법칙으로 떨어지는 건데. 테이프로 붙일 수도 없고. 그래서 초짜 시절 어느 날 밤에 술 먹고 담쟁이를 뜯어 버렸어요. 그것도 입구에 있는 담쟁이를 잡아서 내렸어요. 다음 날 난리가 났죠. 자고 있는데 선배 하나가 '야, 빨리 일어나' 이러면서 발로 차더니 '나가 봐' 이래서 나가니까 아주 처참했죠. 이파리 하나가 아니라 전면 몰골이 아주…… 큰일 났구나, 오늘 잘리겠다 싶었어요. 그러다 누가 김 선생님이 출근하셨대요. 딱 보시더니 아무 말씀 없이 자리로 가셔서 '누가 그랬어?' 하셨는데 사람들이 무서워서 말도 제대로 못하고 '승, 승……' 이랬더니 '승효상이? 알았어' 그러고는 아무 말씀이 없어요. 불호령을 내릴 줄 알았는데 끝까지 아무 말씀이 없으셨어요.

왜 화를 안 내셨을까요? 승효상이니까 그러신 거지. 하하. 김 선생님이 겉으로 카리스마가 있는 척하지만 굉장히 소심한 사람입니다. 한번은 선생님하고 일본 출장을 갔다가 제가 사무소 카메라를 잃어버렸 어요. 그걸 선생님도 아셨는데 다음 달 회의에서 행정 파트가 승효상이 카메라를 분실했다고 보고하니까 선생님이 물어내라고 하셨어요. 월급 을 가불해서 바로 그날 물어냈어요. 그 얘기를 들으시더니 제 자리로 오 셔서 제 주머니에 카메라 값을 살짝 찔러주고 가셨어요. 그런 분이에요.

그러다 1978년에 대기업 계열의 엔지니어링 회사로 이직하 셨습니다. 나가겠다고 하니까 김수근 선생이 뭐라고 하시던가요? 가지 말라고 하셨죠. 제가 일하는 자리에 오셔서 다른 사람한테 '저 자식이 말 이야, 다른 데 간다고 하는데 때려죽일 수도 없고' 이러시면서 굉장히 속 상해하셨어요. 마음이 약간 흔들렸지만 그래도 갔죠. 나중에 김수근 선 생님이 다른 사람한테 말씀하시기를 자기가 사무실 직원 중에 가지 말라 고 한 사람이 딱 두 사람이 있었대요. 한 명이 김원 선생이고, 다른 하나 가 승효상이었다고.

이직은 왜 하신 겁니까? 보통 건축을 3년쯤 하면 자기가 제일 잘하는 줄 알아요. 그때가 참 위험한데, 저도 그때 3년이 되었을 무렵이에 요. 마산 양덕성당을 설계하고 나니까 제가 세상에서 제일 잘하는 것처럼

쇳대박물관
서울, 2002

느껴졌어요. 또 그때 외부에서 들어온 사람이 같이 나가자고 저를 부단히 꾀었어요. 중동 붐이 불기 시작하던 때였는데, 국제그룹에서 엔지니어링 회사를 창설하면서 사람들을 대거 모집했어요. 농담조로 네 개 조건을 만족시켜 주면 간다고 했죠. 월급을 네 배로 줄 것, 출퇴근 시간을 내 마음대로 정하게 할 것, 복장을 규제하지 않을 것, 대학원 진학을 보장할 것. 이걸 누가 들어주겠어요? 그런데 바로 다음 날 와서 들어준다는 거예요. 안 가겠다는 의사 표시로 이렇게 살면 좋겠다고 말했을 따름인데, 다 들어주겠다니까 호기심이 나서 갔어요.

그곳에서는 어떤 일을 하셨습니까? 주로 중동에 서는 건물을 설계하고, 국제그룹 사옥을 설계하고 그랬죠.

직책은 뭐였나요? 디자인실 대리인가 차장인가 그랬어요. 우리가 노란 셔츠에 흰 바지에 슬리퍼를 찍찍 끌고 출근하니까 양정모 국제그룹 회장이 다른 직원들 눈에 안 띄게 하려고 디자인실을 건물 구석에 배치했죠. 출근 통로도 다르게 만들고. 하하.

정말로 급여를 네 배로 주던가요? 네 배가 더 됩니다. '공간'에서 7만 원 정도 받았는데, 거기서는 20~30만 원 받았어요. 그쪽 봉급 체계로는 안 되니까 정식 월급에 봉투를 하나 더 줬어요. 어느 주머니를 뒤져도 10만 원짜리 수표가 나오니 제가 뭘 하겠어요. 술집에 가서 매일 술 먹는 거예요. 원 없이 돈 썼어요. 그렇게 1년이 지나니까 사람이 완전히 망가지는 게 스스로 보이더라고요. 그래서 김수근 선생님을 찾아가서 잘못했다고 하고 '공간'에 돌아갔죠. 나갔다가 다시 들어온 사람은 저밖에 없어요.

'공간'에 복귀하신 뒤 서울 장충동 경동교회[1980] **설계에 참여하셨는데, 아무래도 종교인이시니까**승효상은 서울 동숭교회 장로다 **선생님 아이디어가 많이 반영되었겠습니다.** 김수근 선생님은 종교가 없으셨으니까 기독교의 원리나 교리를 모르셨어요. 교회 구조도 모르셨고. 마산 양덕성당을 할 때도 그랬고. 그러니 제가 도맡을 수밖에 없었죠.

경동교회를 처음 설계하실 때는 예배당 3층 천장이 열려 있었다죠? 그 건축은 그게 핵심이에요. 옥상에 있는 교회라고 해서 '오픈 처치'라고 이름을 지었어요. 길을 쭉 따라가다 보면 자연스럽게 옥상에 올라가게 되어 있어요. 옥상에 올라가다 보면 우그러진 모양들이 있는데, 그게 음향을 잡아 주면서 하늘로 뚫려요. 그 건축에서 제일 기가 막힌 공간이에요. 실내에서 예배드리는 게 아니라 하늘을 보면서 예배를 드리면 얼마나 근사할까, 하고 거기에 주안점을 뒀는데, 공간이 하도 좋으니까 강원룡 목사님이 그걸 막아 버리고 자기 기념관으로 썼어요. 2012년에 경동교회 30주년 세미나에 강사로 초빙되어 갔을 때 여해기념관이 된 그 공간을 옥상 교회로 복원해 달라고 강 목사님 아드님에게 말씀드렸죠.

말씀하신 대로 경동교회 옥상은 높이가 다른 19개의 기둥이 모여 하나의 매스mass**를 이룹니다. 기도하는 손의 형상인가요?** 그런 건 아니에요. 원래는 마산 양덕성당을 보완하려고 했어요. 양덕성당이 볼륨이 좀 큽니다. 매스가 크면 섬세하지 않게 보일 수 있다는 게 김수근 선생님의 지적이었어요. 그래서 그걸 좀 더 잘게 자르자, 그게 훨씬 더 인간적으로 느껴진다. 휴먼 스케일이라는 거죠. 우리 몸에 친근한 매스로 만들기 위해 잘라 놓은 결과이지, 무얼 상징해서 만든 건 아닙니다.

독립하신 이후에도 서울 중곡동성당[1997], 부산 구덕교회[2006], 경남 밀양 명례성지[2015] 등 종교 건축을 여럿 설계하셨는데, 우리나라의 교회 건축을 어떻게 평가하십니까? 우리나라 교회 건축 대부분이 뾰족탑에 네온 십자가를 세우거나 과거 고딕 양식과 현대 양식을 적당히 혼합한 것들이에요. 우리 땅의 풍토에 맞지 않는 시대착오적 건축이죠. 건축은 시대의 거울이에요. 건물은 그 시대의 양식을 반영해야 돼요. 교회 건축도 예외일 수는 없죠. 우리가 지금 다원적 민주주의 시대에 산다면 당연히 교회도 이 사상적 토대 위에서 건축되어야죠. 그런데 지금 교회 건축은 시대와 장소를 무시하고 있어요. '교회 건축'은 될지 몰라도 '교회적 건축'은 아니에요. 교회가 만민이 기도하는 집이라면 신을 감동시키는 건축이 아니라 인간을 감동시키는 건축이 되어야 해요. 하나님께서 주신 삶이 얼마나 아름다운 것인가를 깨닫게 하고, 이웃에 열려 있어야 좋은 건축이며 진실된 '교회적 건축'이라 할 수 있어요.

**"아돌프 로스는 건축을 통해서 혁명을 했어요.
돌아가서 건축을 다시 시작하고 싶은 생각이 들었어요"**

경동교회 설계를 마치고 다시 '공간'을 나오셨습니다. 1980년 가을에 오스트리아로 유학을 떠나셨는데, 왜 가셨습니까? 꼭 유학을 가겠다는 생각은 없었어요. 한번 나갔다 올까, 이런 생각이 막연하게만 있었는데, 5·18을 보고 옛날 생각이 나는 거예요. 건축을 5년 동안 하면서 사회에 무관심하게 있었다는 죄책감도 들고, 도무지 이놈의 나라에 희망이 있을 것 같지 않았어요. 탈출하자고 생각한 게 유학이었죠.

마산 양덕성당을 설계할 때 알게 된 오스트리아 신부님의 도움으로 오스트리아로 가셨는데, 미국은 생각하지 않으셨습니까? 추호도 없었어요. 미국 때문에 광주 사태가 벌어졌는데 어떻게 미국을 갑니까. 전혀 모르는 데를 가고 싶었고, 당시에는 오스트리아가 가기 손쉬웠어요. 제일 빨리 갈 수 있는 곳이었죠. 학비도 무료였고.

김수근 선생이 이번에는 뭐라고 하시던가요? 그때도 말리셨죠. 미국이라도 가면 모를까, 오스트리아 거기는 건축 하나도 볼 거 없는데 왜 가냐고. 그 핑계로 그러시는 거죠. 그래서 제가 말리는 방법도 참 가지가지십니다, 그러고. 하하.

빈 공과대학에 들어가셨지만 학업을 마치지는 못하셨습니다.

구덕교회
부산, 2006

빈에 갈 때는 내가 언제까지 어떻게 살아야 하는지를 전혀 몰랐어요. 정처 없이 갔으니까. 학교 가는 게 제일 쉬워서 학교를 갔는데 가정이 생겼어요. 사실 나는 내 뜻대로 산 적이 한 번도 없어요. 이제까지 보면 항상 그래요. 가정이 생겼는데 애까지 덜컥 생겼어요. 빈에서는 낙태가 절대 있을 수 없어요. 낳을 수밖에 없죠. 애를 낳으니까 가족을 부양해야 하고, 그러자니 학교를 다닐 수가 없는 거예요. 그래서 거기에 있는 설계 사무소에 취직하게 됩니다.

사모님께서 김수근 선생님 비서였다고 들었습니다. 그럼 사내 연애를 하신 겁니까? 빈에 가기 한 달 전에 우연히 만나서 우연히 고백을 했어요. 당신은 왜 나하고 결혼을 하면 안 되냐고. 그 다음에 일이 이렇게 되었어요. 우리 집사람이 '공간' 직원들에게 선망의 대상이었는데, 나는 뭐 완전히 뭇 총각들의 원수가 되어 버렸죠.

연애 기간이 무척 짧았네요. 연애 기간은 거의 없었죠. 그렇지만 사무소에서 내가 어떻게 생활하는지는 다 봤죠. 여자라는 존재는 참 이상해요. 사무소에 아주 스마트하고 댄디한 친구들도 많았는데, 저는 파자마나 추리닝 바람으로 돌아다니고 부스스하고 꾀죄죄하고 아주 말라깽이에다가, 성질도 지독하게 포악하고 이기주의였는데, 그런 사람을 눈여겨보고 있었다고 하니.

사모님께서 청혼을 수락하신 이유가 뭘까요? 불쌍하게 보여서. 하하.

결혼식을 빈에서 하셨더군요. 제가 먼저 빈에 간 다음에 거기로 불러서 결혼식을 했어요. 1980년 11월 24일이었는데 그날 첫눈이 왔어요. 빈 남쪽의 1100년 된 교회에서 했어요. 무지하게 아름다웠어요. 주례까지 몽땅 열서너 명 모였는데 그날 사달이 났어요. 내가 피로연에서 술 먹고 뻗어서 길거리에서 쓰러졌죠. 지나가던 빈 의과대학 학생 두 명이 나를 집까지 업고 왔어요. 그 다음부터 어떻게 됐겠어요? 그때부터 지금까지 저는 부부 싸움이라는 걸 할 줄 모릅니다. 부부 싸움을 할 수 있는 남자를 제일 존경합니다. 하하.

빈의 설계 사무소에서 1년쯤 일하다가 귀국하셨습니다. 월급쟁이로만 살려면 잘살 수 있었을 거예요. 그쪽에서는 이제 내가 없으면 일이 안 되는 부서가 되었거든요. 내가 뭐든 다 해결을 했어요. 그쪽 사람들은 우리처럼 전인적이지 못해요. 우리는 그림, 제도, 구조, 디자인, 안 하는 게 없지만 그쪽은 한 가지밖에 못해요. 투시도를 그린다면 평생 투시도만 그리는 거예요. 그러니까 월급도 남보다 훨씬 더 많이 받았죠. 당시 우리나라 돈 50만 원이 있으면 한 가정이 생활할 수 있었는데, 배로 벌었으니까 뭐든 하고도 지금까지 할 수 있었어요. 그렇게 1년 정도 지나니까 요령이 생기고 나태해지기 시작해서 난감한 거예요. 그때 서울에서 올림픽을 유치했대요. '공간'에서 일이 많다고 빨리 오라고 해서 돌아왔죠. 건축적인 이유도 있었어요. 그때까지 건축을 남의 집 예쁘게 지어 주고, 건축 미학이나 논하는 줄 알았는데, 거기서 학교 다닐 때 어떤 선생이 아돌프 로스라는 사람의 책을 줬어요. 한국에서는 들어 보지 못한 이름이었어요. 1907년에 아돌프 로스가 로스하우스라는 집을 지었는데, 당시로서는 혁명적인 집이었어요. 19세기 말 사조가 다 그랬지만 당시 빈에 있던 집들은 장식이 많았어요. 산업 혁명, 프랑스 시민 혁명으로 시대는 이미 근대로 들어왔는데, 건축이 안 바뀌고 있었어요. 그때 아돌프 로스가 '장식은 죄악이다'라고 선언하고, 일체의 장식을 배제한 아주 간단한 집을 황궁 건너편에 세워요. 그 집을 두고 치열한 논쟁이 붙었어요. 로스하우스 때문에 모더니즘이라는 사조가 발달하게 되었고, 그 다음부터 현대가 생겼어요. 아돌프 로스는 건축을 통해서 혁명을 했어요. 그 사람의 생애와 건축을 보면서 건축으로 혁명을 할 수 있다고 생각했어요. 건축을 다시 시작하고 싶었어요. 돌아가서 다시 하자고 생각했죠.

"김수근 선생님이 안 계신데 김수근 건축을 해야 했으니 확인할 방법이 없죠. 승효상 건축을 하고 싶었어요"

　　　귀국해서 다시 '공간'에 돌아오셨습니다. 건축으로 혁명을 하려면 독립을 하는 게 더 빠르지 않았을까요? '공간'에서는 김수근 선생의

철학이 반영된 건물만 나올 텐데요. 그때는 김수근 선생님의 건축을 통해서 할 수 있지 않을까 싶었어요. 김수근 선생님의 건축이라고 하면……
사실 마산 양덕성당도 김 선생님의 건축이 아니었을지 몰라요. 제 생각이 들어가서 선생님의 건축을 조금 바꾼 거였죠. 그런 식으로 생각을 약간 보태서 조금조금 바꿀 수 있지 않을까, 이런 생각이 있었어요.

1986년 김수근 선생이 별세하시면서 선생님께 '공간'을 맡기셨습니다. 그때 '공간'에 선배들이 없었나요? 열두 명이 있었어요. 1937년생부터 쭉 다 있었죠.

나이나 경력으로 치면 서열 13위한테 회사를 맡기셨는데, 왜 그러셨을까요? 저도 몰라요. 사실 저는 추호도 맡을 생각이 없었습니다. 김수근 선생님이 돌아가시면 독립할 생각이었어요. 제 위에도 한참 많으니까 당연히 그분들이 '공간'을 이어 나갈 거라고 생각했죠. 김수근 선생님이 6월 14일에 돌아가셨는데, 한 달 전인 5월 15일 스승의 날에 찾아뵈었어요. 요양하시던 자택으로 저하고 제 고등학교, 대학교 선배인 장세양 씨하고, 《공간》지 편집장하고 셋이 갔어요. 그 자리에서 장세양 선배하고 저하고 둘이서 맡으라는 이야기를 하셨어요. 깜짝 놀랐습니다. 얼마 남지 않으셨다는 건 알았지만 한 달 후에 돌아가실 줄은 몰랐어요. 한참 고민하다가 그때 유언이라면서 얘기하셨으니까 어쩌겠어요. 지켜야죠. 그런데 그때 장세양 선배가 건축사 라이선스가 없었어요. 라이선스가 없으면 법적으로 설계 사무소 대표를 할 수가 없어요. 그래서 제가 설계 사무소인 공간연구소 대표 이사를 할 수밖에 없었고, 그 형은 잡지를 만드는《공간》사 대표를 맡게 되었죠.

'공간'의 대표 이사라는 직함과 함께 부채도 30억 원을 넘겨주셨다고. 맡고 나서 알았어요. 제가 돈의 개념에 밝지 않아서 그 크기를 몰랐으니까 맡았는지도 몰라요. 대표 이사를 맡은 직후부터 당한 고초가 이루 말할 데가 없죠. 은행에 가서 조아리고, 빚쟁이한테 멱살 잡히고, 노동부에 고발당한 건을 처리하기 위해 각서 쓰고. 이런 일이 매일 반복되었어요.

'공간'과 김수근 선생은 동의어였습니다. 김수근 선생의 부재에 따른 건축적 고뇌는 없었습니까? 일을 수주하기 위해서 제가 김수근 선생보다 김수근 건축을 더 잘한다고는 했지만 공허했어요. 이건 김수근 건축이 아닐 것이란 마음이 들었죠. 김수근 선생님이 안 계신데 김수근 건축을 해야 했으니 확인할 방법이 없죠. 그래서 승효상 건축을 하고 싶었어요.

스승의 유업이라지만 어떻게 3년이나 버티셨어요? 물려줄 사람이 없었어요. 그러다 장세양 씨가 라이선스를 따게 됩니다. 사실 '공간' 대표라면 공간연구소 대표가 진짜 대표, 법적인 대표지《공간》사는 아무것도 아니거든요. 장세양 씨가 대표를 맡고 싶어 하는 걸 저는 알고 있었어요. 그래서 아무 거리낌 없이 그냥 맡으시라고.

생전에 12년, 사후에 3년, 도합 15년을 김수근 선생 문하에서

보내셨습니다. 무얼 배우셨습니까? 수없이 많아요. 한국에서 '건축의 본질은 공간'이라는 걸 처음 얘기한 사람이 김수근 선생님이에요. 그 전까지는 건축을 얘기할 때 비례의 미, 형태의 미, 이런 얘기를 노상 했는데, 김수근 선생님은 건축의 본질이 내부에 있는 공간이라고 하셨어요. 그리고 과거에 건축가는 항상 건축주의 시녀였어요. 시키는 대로 하는 사람이 건축가예요. 그런데 김수근 선생님은 동등한 존재여야 한다고 했죠. 동등한 존재는 시키는 대로 하지 않아요. 싫으면 안하는 거죠. 재밌는 말씀으로 돈과 여자는 쫓아가면 쫓아갈수록 도망간다고 하셨는데, 정말 맞는 말이에요. 일감을 따기 위해서 우리한테 주시면 정말 잘해드리겠습니다, 이런 말 하지 말라는 거예요. 기다리라는 거죠. 그렇다고 마냥 기다리는 게 아니라 실력을 연마하고 내공을 쌓으며 기다리면 알아주는 사람이 반드시 나타나서 프로젝트가 찾아온다는 거예요.

"빈자의 미학은 가난한 사람을 위한 게 아니라 가난할 줄 아는 사람에 대한 미학입니다"

1989년 12월 '공간'을 나와서 건축 사무소를 설립하시고, 이듬해인 1990년에 소장파 건축가들의 모임인 4·3그룹을 결성하셨습니다. 4·3그룹의 건축사적 의의가 있다면 뭘까요? 4·3그룹 전까지 한국 건축계는 학연으로만 조성되어 있었어요. 서울대, 홍익대, 한양대, 세 개의 학벌이 건축 단체들의 장도 번갈아 가면서 맡았어요. 그러다 보니까 건축 논쟁이나 비평이 나올 수가 없어요. 선배가 하라고 하면 그냥 하는 거예요. 건축 문화를 피폐하게 하는 거죠. 이게 싫다고 해서 학연과 지연에 관계없이 30~40대 소장 건축가들이 모여서 건축에 대한 논쟁을 하자고 만든 게 4·3그룹이었어요. 그 이후에 학연, 지연이 많이 없어졌어요.

비평 수준이 어느 정도였죠? 한 달에 한 사람의 작품을 가지고 열네 명이 저녁에 만나서 새벽까지 비평해요. 아주 신랄합니다. 나 같으면 건축 안 하겠다, 때려치우겠다, 이런 인신공격도 하고 엄청나게 비평해요.

4·3그룹 활동을 하시다가 1992년 12월 드디어 건축 화두로 ' 빈자의 미학'을 선언하셨습니다. 1989년에 독립하고 나서 제 건축을 해야 하는데, 15년 동안 김수근 건축에 파묻혀 있었으니 제 건축을 알 리가 없죠. 제 정체성도 모르겠고. 굉장히 고민이 많았어요. 제가 저를 모를 때 4·3그룹에 참여하면서 같이 토론하고 밤새 논쟁하면서 제가 누구여야 하는지를 깨닫기 시작했어요. 그러다 어느 날 서울 금호동 달동네에 갔습니다. 지금은 다 허물어졌고 아파트가 들어서 있는데, 달동네를 지나다가 공동 마당이나 우물 같은 풍경이 눈에 들어왔어요. 제가 어릴 적 자랐던 부산 최초의 집이 생각나는 거예요. 최초의 집이 여덟 가구가 깊은 마당을 가운데 두고 모여서 살았거든요. 모여 사는 가난한 사람들의 아름다

움이 금호동 달동네에 그대로 널려 있었어요. 거기에 건축의 지혜와 모든 해결책이 다 있는 듯했어요. 그러고 나서 서울의 달동네란 달동네는 전부 다녀 봤어요. 그걸 모아서 '빈자의 미학'이라 이름하고, 1992년 12월 12일에 4·3그룹에서 전시회를 할 때 앞으로 나는 이 화두로 건축을 하겠다고 처음 선언했어요.

'빈자의 미학'을 구현한 첫 건축이 유홍준 교수의 자택인 수졸당1992이었습니다. 수졸당을 설계하시고 사무소 이름을 이로재로 바꾸셨는데. 유홍준 교수가 아버님 퇴직금으로 아버님과 같이 살 집을 지어야 했는데, 당시에는 《나의 문화유산답사기》를 쓰기 전이라 가난하셨어요. 설계비를 넉넉히 줄 수 없으니 제가 탐내던 이로재라고 쓰인 200년 된 현판을 답례로 주셨어요. '이로재'는 '이슬을 밟는 집'이란 뜻인데 《예기禮記》에 나오는 말입니다. 노부를 모시고 살던 선비가 부친이 아침에 밖으로 나오시면 감기에 드실까 봐 매일 아침 이슬을 밟으며 부친 처소에 가서 웃옷을 건네 드렸다는 이야기예요. 이름이 하도 좋아서 사무소 이름을 그걸로 바꿨습니다.

수졸당 이후 수백당1998, 퇴촌 주택2009에 이르기까지 방과 방 사이를 떨어트리고 마당을 넣으셨는데, 보기에는 좋지만 막상 살기에는 좀 불편하지 않을까요? 저는 일부러 불편하게 하기도 합니다. 방과 방 사이를 떨어트리면 걸어야 하는 불편함이 생기지만 그 사이에 바깥 풍경이 보이고 생각을 하게 되죠. 그만큼 공간이 풍부해져요. 조금 불편하고 부족하게 살아야 해요. 즐거운 불편함이죠.

'빈자의 미학'이란 말 자체는 그럴듯하지만, 정작 가난한 사람들은 건축가에게 설계를 의뢰할 수 없습니다. 결국 공산품으로 만들어진 집에 삶을 우겨넣을 수밖에 없는데요. '빈자의 미학'은 가난한 사람을 위한 게 아니고, 가난할 줄 아는 사람에 대한 미학입니다. 가난한 사람을 위해 집을 짓는 건 사회 복지의 차원이죠. 그건 사회 정책의 과제예요. 건축가의 과제는 돈이 많든 적든 건축 설계를 부탁하는 사람을 위해 설계를 하는 거니까, 그럴 때 건축가가 어떤 자세로 건축을 해야 하느냐에 대한 겁니다. 건축주의 말만 들어서 되겠느냐, 건축은 공공재니까 가난한 사람들의 검박하고 절제하는 삶, 가난한 사람들은 그렇게 살 수밖에 없는데, 그런 삶을 배워서 가난한 줄 알며 살자는 게 '빈자의 미학'입니다.

베이징에서는 호텔, 쿠알라룸푸르에서는 대형 빌딩을 설계하셨는데, 그런 대형 건축에도 '빈자의 미학'이 적용됩니까? 당연히 적용됩니다. 건물의 공공성이 중요하니까 베이징 장성호텔이나 차오웨이 소호 같은 대형 쇼핑센터를 이용하지 않는 사람도 비가 오면 들어가서 쉴 수 있는 곳을 만들어 놓고, 도로와 도로 사이에 건물이 있으면 건물을 뚫어서 빠른 길을 제공해 주고. 도시가 순하게 기능할 수 있도록 건물을 설계하는 게 '빈자의 미학'이고, 공동체를 위한 건축입니다. '빈자의 미학'의 모델로 삼은 금호동 달동네에 사는 사람들은 가진 게 적습니다. 그러니까 많은 부분을 이웃과 나누면서 살 수밖에 없어요. 부자들은 왜 서로 나누지 못할까. 이런 이야기가 '빈자의 미학'에서 얻을 수 있는 교훈이라 할 수 있죠.

비움에 집착하시는 이유가 뭡니까? 우리 선조들이 집을 지을 때 항상 그렇게 지었어요. 구체적 실례가 마당입니다. 마당을 가운데 형성하기 위해 집을 둘러싼 거예요. 비우기 위해 집을 지은 것이나 마찬가지죠. 우리 옛집은 위치에 따라 안방, 건넌방, 문간방으로 불렀어요. 방에 요를 깔면 침실이 되고 서탁을 두면 공부방이 됩니다. 원하는 용도대로 쓰기 위해 비워 놓는 거죠. 요즘에야 목적을 수행하기 위해 침실에는 침대가 있고 거실에는 소파가 있지만 다 비워 놓는 게 우리 선조들의 고유한 건축 방식이었어요.

비움의 미학이 우리만의 것일까요? 일본 사찰의 마당에도 비움의 미학이 있는데. 일본 마당은 아침에 스님이 빗자루로 한 번 쓸고 가면 아무도 못 들어가는 죽은 비움이에요. 세계에 마당을 지닌 건축은 많아요. 그러나 일본 마당은 쳐다보는 기능만 있고, 중국 마당은 위계질서 때문에, 중동 마당은 햇빛을 피하기 위해 만들어졌어요. 반면 우리 마당은 어떤 일이 일어나도 괜찮은 공간입니다. 잔치를 하든 제사를 지내든 노동을 하든 다 수용하고 그 행위가 끝나면 다시 고요로 남아 거주자를 사유의 세계로 인도해요.

조계종 전통불교문화원
충청남도 공주, 2007

'빈자의 미학' 선언 이후 선생님께서 설계하신 건축들은 옛 선비의 집처럼 검박한 아름다움이 느껴집니다. 자하 하디드^{Zaha Hadid, 1950-2016,} 이라크 출신의 건축가이다. 2004년 여성 최초로 프리츠커상을 수상했다. 주요 작품으로 비트라 소방서, 동대문디자인플라자 등이 있다**나 프랭크 게리**^{Frank Gehry, 1929-, 캐나다 출신의 미국 건축가이다. 주요 작품으로 빌바오 구겐하임 미술관, 로스앤젤레스 월트디즈니 콘서트홀 등이 있다} **같은 건축가들은 화려한 건축을 선보이는데요, 어떻게 평가하십니까?** 그 사람들은 건축가라기보다는 예술가예요. 작가의 욕망을 그대로 드러내는 거예요. 그래서 그 사람들은 어디에 짓든지 다 같아요. 그 사람들은 작가이고 예술가이기 때문이죠. 그런데 저는 건축가는 예술가가 아니라고 생각해요. 건축가는 사회의 물음에 대답해 주는 사람이에요. 삶에 관한 사람들의 요구에 대응해 주는 사람이에요. 그러니 땅에 따라 건축이 바뀔 수밖에 없죠. 그 땅의 조건에 맞춰서 하는 게 건축이에요.

건축가가 예술가가 아니라면, 건축 역시 예술이 아니라는 말씀입니까? 아닙니다.

왜 아니죠? 예술은 다분히 자기만족을 위한 것이고, 건축은 타인의 만족을 위한 것이 아닐까요?

예술이 아니라면 뭐죠? 공학인가요? 건축의 본질은 눈에 보이지 않는 내부 공간을 만드는 데 있어요. 우리가 어떤 공간에 가서 감동을 받았다면 그건 공간 때문입니다. 그런데 그 감동을 남에게 전달할 때는 공간을 설명할 수가 없으니 벽이나 천장, 바닥 같은 것을 설명하게 되고, 전달받는 사람은 가 보지 않았으니 조형으로 인식하게 됩니다. 건축을 올바르게 설명하려면 우리가 공간을 어떻게 쓰고 있는지 생활의 방법을 설명하면 돼요. 공간을 설계하는 일은 우리가 사는 방법을 설계하는 일과 마찬가지예요. 건축가는 남의 집을 짓는 이들이니 타인의 삶을 그만큼 잘 알아야 하죠. 그래야 남의 삶을 잘 조직할 수 있으니까요. 결국 건축을 잘하려면 남이 어떻게 사는지 공부해야 합니다. 그러기 위해서는 소설과 영화를 섭렵해야 하겠죠. 과거에 어떻게 살았는지 알기 위해 역사를 공부해야 하고, 궁극적으로 왜 사는지를 알기 위해 철학을 공부해야 합니다. 문학, 역사, 철학이 건축의 가장 기본적인 공부예요. 그래서 건축을 굳이 학문적 분류에 넣는다면 인문학에 넣어야지 결단코 공학이나 예술에 넣어서는 안됩니다. 물론 공학적 요소도 있고 예술적 요소도 있지만 부수적인 거예요.

"글 쓰는 것과 건축은 거의 비슷해요.
글을 쓰고 나면 건축의 개념이 명확해져요"

　　　　선생님께서는 '빈자의 미학'이나 '어반 보이드'처럼 어떤 건축을 하겠다는 선언을 자주 하셨는데, 다른 건축가들에게선 흔히 보이지 않는 모습입니다. 도망가지 못하게 나를 옭아매는 방법입니다.

그 말이 덫이 되어 다른 일은 못하게 될 수도 있는데요. 그 안에만 있으면 저는 자유로워요. 그걸 벗어나면 이게 맞는지 안 맞는지 혼란이 생겨요. 그러니 제 한계를 제가 먼저 설정하는 거죠.

스스로의 잠재력을 제한할 수도 있지 않을까요? 그 범위 밖은 다른 사람이 할 수 있는 거고, 제가 가장 잘할 수 있는 것만 선택해서 확신이 있는 것만 하는 거예요. 그렇게 해도 저는 불안이 많아서 항상 밤을 새고 스트레스를 받고 이가 빠지는데, 그 밖으로 나가면 그 큰 불안을 감당할 능력이 없어요.

선생님께서는 글 잘 쓰는 문필가로 유명하신데, 왜 쓰십니까? 글 쓰는 것과 건축은 거의 비슷해요. 글을 쓰고 나면 건축의 개념이 명확해져요. 요한복음 1장 1절에도 '태초에 말씀이 계시니라'라고 하잖아요. 어휘라는 건, 글이라는 건 소위 집단 지성의 산물이잖아요. 모든 사람이 인정하기 때문에 그 단어가 생기는 거예요. 단어는 사실 내가 쓰는 게 아니고 나한테 오는 거예요. 내가 그 말을 가져다 선택하는 순간 나는 어떻게 보면 진리를 가지게 되는 거죠. 그 다음부터 건축이라는 건 부차적이 되는 거예요. 건축은 개념을 잡는 게 굉장히 중요한데, 그 중요한 걸 어떻게 단어로 설명하는가 하는 작업이 제가 첫 번째로 하는 작업이에요. 개념어만 포착하면 다음부터는 술술 풀려요. 개념어가 원칙이 되고, 원칙이 기준이 되고, 기준이 방법이 되는 거죠.

선생님께서는 랜드마크가 되는 건물을 설계하신 적이 드물지만 일반 대중에 가장 널리 알려진 건축가입니다. 아무래도 저술의 영향이 크겠죠? 굉장히 크다고 봅니다. 저는 사실 건축계에서 비주류에 속해요. 상징적인 건물, 국가적인 건물을 설계한 적이 없어요.

명성이 일하는 데 도움이 안 됩니까? 안 됩니다.

왜죠? 건축주가 먼저 찾는 건축가이신데. 찾아오긴 하는데 찾아오는 일들이 가치는 있지만 대개 돈이 안 되는 일들이에요. 하하. 돈에 관해서는 이미 포기한 지 오래되었으니까 나름 행복합니다.

그러고 보면 선생님의 작품 목록에는 공공 건축이 별로 없습니다. 시도는 하셨지만 설계 공모에서 떨어지신 겁니까? 그렇지는 않아요. 이제까지 우리나라 공공 건축물은 턴키^{tumkey}라는 비윤리적인 시스템에 의해 이루어졌어요. 검사와 변호사가 짜고 한 팀이 되어서 법정에 들어오는 일과 마찬가지라고 생각하니까 근처에도 안 가죠. 그러니까 그런 일들을 할 기회가 없어요.

턴키가 왜 나쁩니까? 발주자 입장에서는 간편해서 좋은데요. 설계자와 시공자의 균형이 맞아야 합니다. 서로 비판적이어야 해요. 그런데 턴키는 둘이 한 팀이 되어서 들어오라는 거죠. 우리나라에서만 유독 성행하는 제도예요. 설계 사무소는 돈이 없고, 시공사가 돈이 많으니까 보통 설계 사무소에 설계비를 미리 다 줘요. 그러다 보니까 시공사의 요구

대전대학교 삼십 주년 기념관
대전, 2008

대로 다 그려 줘요. 그 돈을 받으면 건설 회사의 하수인밖에 안 되는데 그런 일을 건축가가 해서는 결단코 안 됩니다. 그건 비윤리적이고 반건축적인 일이라고 생각해서 한 번도 그런 일에는 응한 적이 없어요. 그러니까 공공 건축을 할 기회가 전혀 없었죠. 요즘 제가 서울시에 관계한 일^{승효상 은 초대 서울시 총괄 건축가로 일하고 있다}을 하고 있는데, 서울시에서는 턴키 시스템을 없애 버렸어요. 설계와 시공을 완전히 분리했어요. 현상 공모를 통해 좋은 설계를 뽑고, 그 설계대로 입찰을 받아서 시공하고. 다른 지방자치단체에서도 따라 하기 시작했으니까 이제 바뀌기 시작할 거예요. 이게 바뀌면 저도 이제 공공 건축을 해야죠.

지금 이로재에서 진행하는 프로젝트가 몇 개죠? 설계하고 있는 게 대여섯 개, 짓고 있는 게 대여섯 개, 아직 설계 들어가지 않고 기다리고 있는 게 대여섯 개 있을 거예요.

가령 제가 80~90평 정도의 주택 설계를 의뢰한다면 얼마나 기다려야 합니까? 두 달 정도 기다려야 할 거예요.

선생님께서는 각 프로젝트에서 단계별로 얼마나 관여하시죠? 모든 단계에서 전부 다 관여합니다.

대표 건축가는 보통 초기 설계와 콘셉트 정도에만 관여하지 않나요? 저는 그렇게 못해요. 모든 디테일까지 다 관여해요.

진행 중인 프로젝트가 열 개가 넘으면 집중력이 떨어지지 않

습니까? 그렇게 몇십 년을 했는데요. 요즘은 일주일에 이틀은 서울시청에 나가야 하니까 잠을 자는 시간을 빼서 집중해야 하는 신체적인 괴로움이 있기는 합니다.

사무소 규모를 키우실 생각은 없으세요? 추호도 없습니다. 그렇게 되면 직원들 이름을 외울 수가 없어요. 지금은 다 외우지만.

그럼 적정 인원을 유지하기 위해서 과다한 프로젝트는 맡지 않습니까? 그러지는 않고 좀 기다려 달라고 하죠. 지금 인원으로는 처리할 수 없다. 그 이야기를 항상 해요. 못 기다리겠다는 사람은 가는 거고, 기다리겠다는 사람은 정말 열심히 설계해 줘야 하는 거고.

**"건축의 외피는 안에 있는 공간과
밖에 있는 공간을 가르는 도구예요.
그러니까 외피보다 공간이 더 중요한 거예요."**

1998년부터 1년간 런던에 체류하셨습니다. 이때의 경험이 선생님 건축의 전환점이 되었다고 들었습니다. 독립한 지 10년쯤 됐을 때니까 제 건축을 한번 점검하고 싶었어요. 그러던 차에 마침 런던에서 기회가 생겨서 IMF 핑계를 대고 1년 다녀왔어요. 북런던 대학에서 객원 교수로 있으면서 학생들도 가르치고 스튜디오 지도도 하면서 지냈습니다.

당시 건축 트렌드의 중심이 런던이었어요. 여러 세미나와 심포지엄에 참가하면서 서구 건축가의 고민을 알게 되었고, 세계 건축의 흐름과 한국 건축의 갭을 줄였다고 보고 있습니다. 결과적으로 내 위치를 확인할 수 있는 좋은 계기였어요.

런던 생활 이전과 이후를 비교하면 건축적으로 무엇이 달라졌나요? 건축을 조경적 차원에서 보는 거예요. 물론 전에도 도시와 건축의 관계에 관해서 이야기하지 않은 건 아닙니다. '빈자의 미학'에서도 논했으니까요. 그런데 그걸 어떻게 논하는 게 좋을까, 이런 생각을 했는데 그때 문화 풍경이라는 말을 런던에 가서 알게 되었어요. 아도르노^{Adorno}가 쓴 말인데, 자연 풍경만 중요한 게 아니라 우리가 만들어 놓은 인공 건축물을 통해 만들어지는 풍경, 그 자체가 더 중요할 수 있다는 얘기예요. 그래서 건축을 풍경적 차원에서 보는 방법을 익히게 되었죠.

런던에서의 경험으로 탄생한 건축이 서울 장충동의 웰콤시티^{1998}입니다. 그 건축에서 '어반 보이드'라는 개념을 제안하셨습니다. '비움의 도시' 정도로 해석될 텐데, 도시의 풍경을 위해 건물과 건물 사이를 널찍이 비우셨습니다. '빈자의 미학'이 가옥에서 도시로 확장된 느낌입니다. 외연이 확장되었다고 할 수 있죠. '빈자의 미학'은 나한테 던진 선언적 질문이에요. 저한테 굉장히 타당했던 그 질문의 답을 찾기 위해서 점점 외연을 넓힌 거죠. 그 문제를 증명해 나가는 과정이 제 건축의 형태라고 할 수 있습니다.

요즘이야 흔해졌지만 당시 외장재로 내후성 강판을 사용한 건 국내 최초였는데. 런던에 가기 직전에 설계했을 때 이미 코르텐을 썼어요. 그런데 확신이 없었죠. 런던에 가서 코르텐 건물들을 보고, 주변의 다른 나라 도시들도 보고 나서 확실히 검증된 재료라는 걸 알게 되었어요. 그 게 맨 처음에는 새까매요. 까만 색깔이 5년 동안 변해요.

선생님께서는 코르텐과 시멘트 블록을 많이 쓰시는데, 선호 하시는 이유가 있습니까? 재료에는 물성이라는 게 있어요. 물성이 그대 로 나타나는 건축이 제일 정직한 건축이에요. 제일 나쁜 재료가 페인트 입니다. 페인트는 칠을 하고 나면 그 안에 어떤 재료가 있는지를 사람들 이 알 수가 없어요. 굉장히 부정직한 재료예요. 페인트를 칠한다고 하면 그 안에 벽돌로 하든 시멘트로 하든 아무렇게나 만들어요. 그런데 페인트 칠을 안 하고 노출한다고 하면 그 안에 벽돌이든 블록이든 사람들이 깨끗 하게 쌓을 수밖에 없어요. 천장도 마찬가지예요. 천장을 안 한다고 하면 천장 안을 깨끗하게 만들겠죠. 천장을 한다고 하면 개판으로 만들어요.

여기²차 인터뷰는 그의 아내가 조각보를 만드는 공간인 동숭동 월류헌에서 이루어졌다**는 천 장을 하셨는데.** 여기는 인테리어 개조만 했으니까 천장을 안 할 도리가 없는 거예요. 이럴 때나 하는 거죠.

웰콤시티를 설계하신 해에 파주출판단지 코디네이터도 맡으

셨습니다. **도시 계획과 건축 설계는 무엇이 어떻게 다르던가요?** 다를 바가 없어요. 다르다고 생각하는 사람은 도시를 모르는 사람이고, 건축을 모르는 사람이에요.

그럼 어떤 면이 같습니까? 공간을 다룬다는 측면에서 같죠. 도시는 크니까 건물들 풍경이 중요하다고 생각할 수 있지만, 그런 사람은 건물 자체의 모양이 중요하다고 생각하는 거예요. 건축의 외피는 안에 있는 공간과 밖에 있는 공간을 가르는 도구예요. 그러니까 공간이 더 중요한 거죠. 내부는 내부대로 어떻게 도시적으로 구성하는지가 중요하고, 외부는 외부대로 도시와 어떤 관계에 있느냐를 생각해야 바른 설계가 이루어져요. 이걸 그대로 연장하는 게 도시예요. 건축 설계와 도시 설계는 물론 스케일이 다르지만 다 똑같아요.

본질이야 같겠지만 그래도 도시 설계는 경험과 연륜이 쌓여야 가능하지 않을까요? 생각의 깊이가 있다면 젊은 사람도 얼마든지 할 수 있어요. 선진국에서는 도시 설계와 건축을 다르다고 생각하지 않아요. 우리나라만 이걸 달리 취급해 왔어요. 다른 나라 건축 학교의 커리큘럼을 보면 어반 디자인이 많아요. 우리도 최근에는 이렇게 바뀌었는데 옛날에는 도시 설계를 건축과에서 안 가르쳤어요.

도시 계획과 도시 설계의 차이가 뭐죠? 시티 플래닝^{도시 계획}은 경제적 관점이라 주로 경제학부에서 가르치고, 어반 디자인^{도시 설계}은 건축적 관점이라 건축과에서 가르쳐요. 그런데 우리나라에서는 구분 없이 둘 다 도시 설계로 취급해요. 건축 정책을 좌우하는 국토해양부에서 고위 관료가 되면 대부분 유학을 다녀옵니다. 그 사람들이 항상 도시 계획을 배워 와요. 학위를 주니까. 그렇게 시티 플래닝에서 학위를 받은 사람들이 한국에 와서 전부 어반 디자인의 전문가가 됩니다. 건축에서 해야 할 일을 다 가져간 것이죠. 또 한편으로는 지난 세기 전 세계에서 건축이 가장 많은 나라가 한국이었으니까 건축하는 사람들이 도시 설계를 안 해도 할 일이 넘쳤어요. 주어진 필지에 건물 하나 세우는 게 건축 설계인양 몇십 년 동안 해온 결과, 건축하는 사람은 도시를 모르게 되어 버렸어요.

건축하는 사람이 도시를 모르면 어떤 문제가 생깁니까? 우리나라 도시는 만들어지면 누구 하나 책임지는 사람이 없어요. 도시를 설계하는 사람은 모눈종이에 빨간 색, 노란 색^{빨간색은 상업 지구, 노란색은 주거 지구, 보라색은 공업 지구를 나타낸다}만 칠하면 끝이고, 건축하는 사람은 필지에 건물만 지으면 끝이에요. 둘 사이의 간극을 어떻게 할 거냐는 거예요. 외국은 도시를 설계한 사람이 반드시 있어요. 찬디가르에는 르코르뷔지에, 브라질리아에는 오스카 니마이어^{Oscar Niemeyer}가 있죠. 그런데 우리는 분당을 누가 했는지, 산본을 누가 했는지 아무도 몰라요. 파편화되어 있어서 책임질 수 없게 만들어져 있어요. 이게 우리나라 도시의 잘못된 점입니다.

그래도 분당과 산본은 성공한 도시 아닌가요? 도시가 아니라 부동산이 성공했죠. 우리는 신도시를 굉장히 쉽게 만들었어요. 정치권력이 이끌고 자본 권력이 밀어서 분당을 5년 만에 50만 명이 사는 도시로 만들었죠. 자기 임기 내에 만들어야 하니까 어떤 도시를 만들지 공론에 붙이지 않고 서양 사람들이 폐기한 마스터플랜, 즉 평면 도시를 가지고 와서 우리 땅에 얹었어요. 그런데 우리 땅에 평지가 있어야 말이죠. 산은 깎고 계곡은 메우고 물길은 돌려 만든 도시가 분당, 일산, 산본, 평촌입니다. 이게 전국에 확대되더니 영호남에서 제주도까지 똑같은 풍경이 만들어졌어요. 그런 도시에 사람들이 살면서 형성되는 사회가 어떻겠어요? 지역 정체성을 상실한 모조품 같은 사회가 곳곳에 형성된 거죠.

그럼 좋은 도시의 요건은 뭡니까? 발터 벤야민^{Walter Benjamin,}
_{1892-1940. 독일 출신의 문예 평론가이자 사상가}은 '좋은 도시는 도시의 어느 곳에 떨어져도 일부만으로 전체를 이해할 수 있는 도시'라 했어요. 여기에는 주거 지역, 상업 지역, 공업 지역 같은 계급적 구분이 없어요. 부분이 전체와 맞먹는 가치를 가지고 있는 사회, 개인이 전체의 이익을 위해 죽음을 강요받지 않는 사회, 한 생명이 우주만큼 귀하게 취급받는 사회가 민주주의 사회이고 좋은 도시라고 해석할 수 있죠. 우리 주변에도 이런 곳이 있어요. 바로 달동네예요. 건축가나 도시 계획가가 만들지 않고 주민 스스로 만든 동네죠. 하늘 아래 가장 아름다운 동네라며 관광객을 불러 모으는 산토리니 골목길과 우리 달동네가 어떻게 다른지 저는 색깔말고는 구분할 수가

없어요. 그런데 우리 달동네는 항상 재개발 첫 순위에 꼽혀서 붉은 깃발이 늘 꽂혀 있어요. 이건 우리 공동체에 가해진 테러이고, 더 심하게 말하면 범죄 행위나 마찬가지예요. 2000년 베니스 비엔날레의 표제가 '덜 미학적인, 더 윤리적인Less Aesthetics, More Ethics'이었어요. 제가 아는 한 서양 건축사에 윤리라는 단어는 어디에도 없어요. 처음부터 끝까지 미학의 열거예요. 윤리는 우리 선조들의 덕목이었죠. 우리 선조들은 집을 지을 때 늘 자연과 건축과 인간 사이의 관계를 염려했어요. 지난 세기 우리는 서구화가 근대화인 줄 착각하고 서양을 쫓아서 윤리를 버렸는데, 이제 그들이 윤리를 말하는 거예요.

**"바른 건축을 하려면 항상 고정관념을
적대할 수 있어야 해요"**

2002년에 건축가로는 최초로 국립현대미술관이 뽑은 올해의 작가로 선정되셨습니다. 현대미술관에서 건축가를 선정한 이유가 뭘까요?
당시 현대미술관 관장이 오광수 선생이고, 학예실장이 정준모 선생이었어요. 두 분께서 미술의 외연을 넓히는 데 관심이 있으셨고, 건축에 대한 관심도 많았어요. 그래서 건축은 왜 미술의 장르가 아닌가, 이런 생각이 있으셨던 모양이에요.

선생님 건축이 미니멀하고 컨셉추얼한 면이 있어서 현대 미술과 맞닿아 있기 때문은 아니었을까요? 아마 그쪽에서는 그렇게 생각했을지 몰라요. 그렇지만 미니멀리즘의 비움과 내가 주장하는 비움은 근본적으로 틀려요. 미니멀리즘이라는 건 근본적으로 회화나 조각에서 최소한으로 표현하고 그 표현이 영구적으로 정지되는 겁니다. 그런데 내가 말하는 비움은 기본적으로 비워 놓고, 거주하는 사람이 바꾸어 나가는 거예요. 채워 나가는 거죠. 어떤 의미에서는 스마트폰 바탕 화면 같은 거예요. 스마트폰 바탕 화면은 보다시피 이렇게 비어 있지만 우리가 누르기 시작하면 원하는 대로 바뀌어요. 이 밑에 엄청나게 복잡한 컴퓨터 회로가 깔려 있잖아요. 그 회로를 깔려고 하는 거예요. 겉으로는 비워 놓자고 하는 거고. 이게 제가 말하는 비움이에요. 제가 말하는 비움은 엄청나게 다양하고 무쌍하게 변하는 거예요. 그런 점이 다르죠.

당시 국립현대미술관에서 개최하신 개인전의 주제가 '어반 보이드'였습니다. 앞서 '빈자의 미학'의 외연이 확대된 것이라 하셨는데, 둘 사이에 차이는 없습니까? 같은 이야기예요. '빈자의 미학'은 검박하고 절제하며 살자는 거니까 비움에 대한 이야기죠. 도시에서 비움은 굉장히 중요해요. 도시라는 건 익명성을 전제로 하는 공동체이기 때문에 서로 모르는 사람들이 살아가는 사회예요. 모르는 사람들이 잘 살아가기 위해서는 공공 영역이 잘 짜여야 하는데, 공공 영역이 어떤 목적이나 기능에 맞게 정해지면 그걸 다른 사람이 사용할 때 제한을 받아요. 그러니까 기본적으로 다 비워 놓으면 어떤 사람이 와서 사용하고, 떠나면 다른 사람이 와서 사용할 수 있어요. 공통부분인 인프라스트럭처만 만들어 놓고, 다른 건 비워 놓자는 얘기예요. 도시의 비움, 이게 도시에서 가장 중요한 디자인의 방법이라고 이야기하기 시작한 거죠. 런던에 가기 전에도 이야기는 했지만 확신이 없었어요. 런던에서 세계 각국의 건축가들과 교류하면서 책도 읽고 생각한 이후에 도시의 비움이 건축의 비움보다 훨씬 더 중요하다고 생각하게 되었어요.

비움이 있는 건축은 종종 접합니다만 비움이 있는 도시는 아직 낯설게 느껴집니다. 어딜 가나 꽉꽉 채운 것들밖에 없어서. 도시 설계를 할 때 먼저 채우고 자투리를 비우는데, 옛날 우리 도시들은 결코 그러지 않았어요. 비울 곳을 먼저 찾고 비우기 위해서 집을 형성했어요. 그래야 비워진 공간이 우리가 상상을 하는 창조적 공간이 되는데, 요즘은 그런 창조적 힘을 발휘할 장소가 너무 없어졌죠.

교양 수준에서 건축의 본연은 구조와 기능이라 배웠습니다. 그런데 선생님 건축에서는 구조와 기능이 반기능이나 비움 같은 개념에 종속되는 것 같습니다. 구조와 기능, 미, 이런 건 서양 사람들이 하는 얘기예요. 고대 로마 건축가 비트루비우스Vitruvius가 2000년 전에 《건축 10서》에서 한 얘기가 서양 건축의 줄기가 되었어요. 우리 선조들은 그런 얘

노무현 전 대통령 묘역
경상남도 김해, 2009

기 안 했습니다. 형태의 미, 기능, 구조에 관해서 우리 선조들은 한 번도 이야기한 적이 없어요. 우리 선조들은 관계나 윤리를 이야기했죠. 갑자기 우리가 서양 사람들이 주장하는 걸 받아들인 거죠. 그런 범주 말고 얼마든지 다른 세계가 있을 수 있는 거예요. 건축가는 자기 집을 설계하는 게 아니라 남의 집을 설계하는 사람이에요. 항상 아웃사이더가 되어야 해요. 아웃사이더가 되면 자기한테 몰려 있는 환경에 대해 비판적 시각을 가질 수 있어요. 한나 아렌트Hannah Arendt 1906-1975. 독일 태생의 유대인 정치 철학자이다. 주요 저작으로 《전체주의의 기원》, 《인간의 조건》, 《예루살렘의 아이히만: 악의 평범성에 대한 보고서》 등이 있다가 그랬죠. 사유한다는 말은 항상 비판적으로 생각한다는 뜻이고, 비판적으로 사유하는 것은 늘 적대적인 태도를 취하는 것이라고. 그 말에 적극 동의해요. 바른 건축을 하려면 항상 고정 관념을 적대할 수 있어야 해요.

"사람마다 각자 다른 지문指紋이 있듯 모든 땅에도
고유한 무늬地紋가 있어요. 터에 새겨진 무늬를
몽땅 지우고 백지 위에 짓는 집이 아파트예요"

　　　　2002년에 반가운 일들이 잇달아 일어났습니다. 그해 미국건축가협회 명예회원이 되셨는데, 건축 일을 하는 데 외적으로 도움이 되셨나요? 전혀요. 제가 미국에서 일하는 사람도 아니고. 미국 학교에 지원하기 위해서 저한테 추천서를 받아간 학생들이 많은데, 승효상 이름 밑에 붙어 있는 미국건축가협회를 쓰면 효력이 있다고 해서 후배들이나 학생들이 도움을 받았죠. 저는 도움 받은 게 없어요. 하여튼 2002년은 이상한 해였어요. 사무소 건물도 2002년에 지었고, 미국건축가협회 명예회원도 받았고, 현대미술관 올해의 작가도 되었고.

명성이 일에는 별 도움이 안 된다고 하시지만 그래도 외국에서는 도움이 되지 않나요? 외국에서는 그렇죠. 중국에서 일을 많이 하는데, 중국에서도 이제 제 까다로운 성질을 알아서 기피하는 사람들이 생기기 시작했어요. 하하.

2000년대 들어서 베이징에 사무소를 내실 만큼 특히 중국에서 선생님을 많이 찾는데 이유가 뭘까요? 우선 물량이 엄청나게 많아요. 그리고 서양 건축가들은 자신들과 잘 맞지 않는다는 걸 알게 되었어요. 일본 사람들은 역사적 문제로 싫어하고. 한국 건축가인 제가 주장하는 게 자기들이 지금 갑자기 잘 살게 되어서 생기는 문제에 대한 대안이 될 수 있다고도 생각을 하고요.

중국에서 선생님 저서가 여러 권 출간되었죠? 《건축, 사유의 기호》, 《오래된 것들은 다 아름답다》, 최근에는 제가 처음 쓴 《빈자의 미학》도 번역이 되었어요. 저번에 시안西安에 가서 강의하는데, 그 책을 들고 와서 사인해 달라고 하는 젊은 친구들이 많더라고요.

2009년에 《지문地文》이라는 책을 발간하셨습니다. 땅에도 무늬가 있다는 말씀인 것 같던데 구체적으로 어떤 개념입니까? 터의 무늬에요. 사람마다 각자 다른 지문指紋이 있듯 모든 땅에도 고유한 무늬地紋가 있어요. 일차적으로는 땅의 형상이나 무늬를 뜻합니다. 좀 더 나아가면 그 무늬를 만든 역사, 인간의 삶이 남긴 기억과 이야기까지 포괄해요. '터무니없다'는 말이 여기서 유래된 말이에요. 터에 새겨진 무늬를 몽땅 지우고 백지 위에 짓는 집이 아파트예요. 그러니 터무니없는 집이죠. 터의 무늬는 동시에 지문地文이기도 해요. 천문天文과 인문人文이 있는데 지문도 있을 수 있잖아요. 영어로 하면 'landscript'쯤 되지 않을까 싶어요. 제가 만든 단어예요.

땅에 맞는 건축이 필요하다는 말씀에는 공감하지만, 지문地紋을 마음대로 바꿀 수 있는 사람이 대한민국에 몇이나 될까요? 0.1퍼센트도 안 될 텐데, 어찌 보면 미학적 사치 아닙니까? 그건 《지문》을 안 읽은 사람들이 하는 얘기예요. 우리는 누구나 지문을 바꾸고 있어요. 자기가 사는 일생이 어제와 다르다면 지문을 바꾸는 거죠. 일상이 땅에 무늬를 새기는 작업이니까 누구나 자신의 지문을 새기고 있는 거예요.

그러니까 제 말씀은 터를 잡고 자신의 건축을 올리는 사람이야 그렇다 해도 방금 말씀하신 터무니없는 건축인 아파트에 사는 사람도 지문을 새기고 있을까요? 물론입니다. 아파트 방에만 있는 건 아니잖아요. 아파트를 출입하면서 다 땅을 밟잖아요. 그렇게 다니면 땅이 아주 미세하게 달라지겠죠.

아파트는 설계하신 적이 없으시죠? 설계를 안 맡기니까 안 하는 거죠.

대체 왜 안 맡길까요? 건설 회사들이 자기 마음대로 지으려고 하는 거죠.

제가 건설 회사 대표라면 전자 회사가 유명 디자이너와 협업해서 가전을 내놓듯 선생님과 컬래버레이션^{collaboration}을 할 것 같은데요. 회사 이름으로 분양해도 잘 분양되던 시절이 있었어요. 그러다가 효능이 떨어지니까 힐스테이트, 래미안 같은 자기들 브랜드를 내세우는 거예요. 그것도 이제 효능이 떨어질 때가 되었어요. 조금 있으면 이제 '승효상 아파트'로 바뀔 거예요. 하하.

제안이 들어오면 하실 생각인가요? 당연히 합니다. 나는 정말 아파트 설계하고 싶어요. 내 이름이 필요하다 싶을 때는 자기들 설계 방법으로는 안 되겠다고 인증하는 꼴이니까 제 설계 방법을 이야기해야죠. 지금처럼 자기들 파일에서 꺼내서 카피하듯, 닭장 찍어 내는 아파트를 제가 설계하진 않겠죠.

선생님이 설계하시는 아파트는 어떤 모습일까요? 저는 항상 개념이 중요해요. 공동 주택이라면 공동의 삶이 보장되는 주택이 공동 주택일 텐데, 지금 공동 주택이 정말 공동의 삶일까요. 그냥 지하에 차 끌고

들어가서 엘리베이터 타고 자기 집으로 가면 옆집에서 누가 죽어도 모르는데. 그저 붙어 살뿐이지 모여 살지는 않아요. 모여 사는 게 공동 주택이죠. 옆집 사람과 항상 만날 수 있고, 앞집 사람과 항상 소통하고, 한 동에 사는 사람끼리 항상 모이는 동네 같은 걸 만들어야죠. 아파트들이 들어서면 단지화가 됩니다. 담을 둘러요. 아파트 단지 내에 있는 도로는 도로교통법에 적용되지 않아요. 도시의 도로가 오다가 아파트 단지를 만나면 들어가지를 못해요. 휠 수밖에 없어서 단지가 결국 섬처럼 남게 됩니다. 도시 속 공동체가 아니라 도시와 불화하는 섬이죠. 갈등과 대립이 여기서 기인해요. 이런 섬들이 도시 곳곳에 있어요. 우리 사회가 조화되지 못할 수밖에 없어요. 이런 개념부터 해체할 필요가 있어요.

**"도시와 건축은 굉장히 보수적이어야 해요.
기억에 집착하면 도시는 정체되기 마련이고,
욕망에 과도하게 경도되면 정체성을 잃기 마련이에요."**

2014년 9월 서울시 초대 총괄 건축가가 되셨습니다. 어떤 역할입니까? 서울의 건축을 총괄합니다. 영어로는 시티 아키텍트^{city architect}라고 해요. 서울에 굉장히 많은 건축 프로젝트가 있는데 이제까지는 전체를 관할하는 사람이 시장밖에 없었습니다. 시장은 건축 전문가가 아니니까 건축 전문가의 입장에서 보면 중복되거나 앞뒤가 맞지 않는 사업이 있을 수 있어서 이걸 일관되게 보자고 해서 만들어진 제도예요.

외국에도 총괄 건축가 제도가 있습니까? 유럽에서는 보편화된 제도입니다. 네덜란드는 국가 건축가도 있어요. 스테이트 아키텍트^{state architect}라고 하는데 국가 전체의 건축을 관장해요. 바르셀로나는 시티 아키텍트가 시장 선거에서 러닝메이트로 나와요.

구체적으로 어떤 일을 하시죠? 공공 건축을 관장하고, 민간 건축이라도 공공의 생활에 영향을 주는 외형이나 외부 공간이 있으니까 가이드라인을 제시하는 역할을 합니다.

건축 사업만큼 이권이 얽혀 있는 분야가 드물 텐데, 그런 가이드라인에 반발하는 사람들도 많겠네요. 안 그래도 지금 제가 적을 양산하고 있는 듯합니다. 사방이 다 전선이에요. 자기 이권을 침탈당한다고 생각하는 사람들이 저를 굉장히 경원시해요. 이 모순을 깨뜨리는 일만도 너무 벅차요.

그런데 도시 계획에 일관성이 필요합니까? 다양성을 존중할 수도 있을 텐데요. 다양성이라는 일관성이 필요한 거죠. 하하.

아무리 저명한 건축가라 해도 시민 의견 수렴 없이 도시 건축 지침을 혼자 정하는 게 맞을까요? 좋은 건축가라면 맞는 얘깁니다. 그 사람이 나쁜 건축가라면 틀린 이야기겠죠. 건축가라면 항상 자기 자신을 객관화시키는 사람이고, 아웃사이더가 되어야 하는 사람이에요. 건축가는 남의 집을 설계하니까 객관적이어야 하죠. 그 건축가가 객관적이라면 그 건축가 판단을 믿어야죠. 그래서 건축가를 선택할 때 옳은 건축가를 선택하려고 노력하는 거예요. 임기제를 두는 것도 그 기간 동안 충분한 책임과 권한을 부여하는 거예요. 이 사람이 평생을 하면 오류가 생길 수 있으니까 다른 사람을 택하겠죠. 선택한 이상 그 사람에게 모든 권한을 주는 게 좋다고 봅니다.

서울시 총괄 건축가로서 세운상가 재생 프로젝트나 서울역 고가 도로 공원화 사업 등을 지휘하고 계십니다. 서울의 역사적 풍경을 보전하는 데 동의하는 사람도 있지만, 구시대의 유물을 존치할 이유가 없다며 선생님을 보수적이라 비판하는 사람도 있습니다. 어떻게 생각하십니까? 옛날로 돌아가자는 것이 아니라 도시가 지닌 과거의 흔적을 감안하자는 얘기예요. 도시와 건축은 굉장히 보수적이어야 해요. 이탈로 칼비노^{Italo Calvino, 1923-1985. 이탈리아의 소설가}는 도시를 기억과 욕망의 복합체라고 했는데, 기억에 집착하면 도시는 정체되기 마련이고, 욕망에 과도하게 경도되면 정체성을 잃기 마련이에요. 우리는 미래를 알 수 없어요. 과거밖에 알지 못하죠. 그러니까 확실성이 있는 건 과거에 대한 문제예요. 전환기 때 우리는 새 역사 창조라는 말도 안 되는 말로 과거를 다 지웠어요. 지우려고 부단히 노력해서 정처 없는 유목민적 상황으로 몰아세우니까 우리의 뿌리를 없애는 방법이라고 이야기하는 거죠. 그런 의미에서 건축과 도시는 보수적일 수밖에 없어요.

오래된 것들에 남다른 애착이 있으십니다. 《오래된 것들은 다 아름답다》는 건축 에세이까지 내셨는데. 건축은 건축가가 설계해서 만들지만, 사실 건축은 사람들이 살면서 만드는 것이라고 봐요. 사람들이 자기 삶의 기억을 덧대어 가면서 건축이 완성되어 나가는 거예요. 그래서 오래된 집들을 보면 거의 반드시 아름답습니다. 애초에 설혹 잘못 생겼다 하더라도 그곳에 사람들이 살기 시작하면서 삶의 향기를 뿌리기 시작하면 그렇게 돼요. 우리가 지방이나 외국 도시에 가서 높고 위대한 건물만이 아니라 골목을 산책하면서 감격을 얻는 까닭도 건축이 아름다워서가 아니라 사는 모습이 아름다워서예요.

서울시 총괄 건축가 2년 임기가 곧 끝나 갑니다. 연임하실 생각입니까? 1초도 더 할 생각이 없습니다.

너무 바쁘셔서? 그렇기도 하지만 지금은 시스템을 정착시키는 게 중요해요. 지금 승효상이 총괄 건축가인 건 맞는데, 총괄 건축가로 승효상이 인식되면 안 되죠. 시스템을 위해서 다른 사람이 오는 게 맞는다고 생각합니다.

세계적인 대도시와 비교할 때 서울의 건축은 어디쯤 와 있나요? 형편없습니다. 하지만 서양의 거대 도시들은 대부분 평지에 있기 때문에 도시가 망가지면 돌아갈 기점이 없어요. 런던이나 파리, 빈, 프랑크 푸르트 등 2000년 역사를 가진 서양 도시들은 로마 군단의 주둔지가 원도심이에요. 원도심이 확대되어 도시가 되었으니까 서양 도시들은 원래부터 평지에서 세워진 도시였죠. 그러다 보니 도시의 정체성을 만들기 위해 랜드마크를 세웠어요. 에펠탑이 그런 예죠. 그런데 서울은 조선의 수도로 정할 때부터 산세에 의해서 정도전과 무학대사가 정했기 때문에 자연적 랜드마크가 있는 셈입니다. 서울에는 산이 있어서 아무리 망가져도 원점으로 돌아갈 원형이 있어요. 서울의 정체성을 회복하는 일을 요즘 본격적으로 하고 있는데, 이 비전에 동의한다면 서울은 언젠가는 거의 완전히 회복될 겁니다.

서울에서 제일 좋아하는 건축은 뭔가요? 한국의 가장 아름다운 건축으로 저는 늘 종묘를 꼽아요. 지금도 조선 왕의 신위를 모시고 있으니 여전히 기능하는 건축이죠. 종묘가 아름다운 까닭은 100미터에 달하는 목조 건물이 갖는 장중미도 있지만 그 앞의 월대라는 빈 공간 때문이에요. 조선 왕의 신위를 모시는 공간에서 1.5미터 내려가 있고, 우리 삶의 일상 공간에서 1미터 올라가 있는 매개적 공간이 월대예요. 죽은 자와 산 자가 만나는 공간이죠. 비 오는 날 오후 네 시쯤 한번 가보세요. 아무도 없거든요. 홀로 월대에 서면 엄청난 에너지와 감동을 느낄 겁니다.

반대로 서울에서 제일 흉물스러운 건축은 뭐죠? 아까도 말

퇴촌주택
경기도 광주, 2009

했지만 산등성에 있는 아파트들이죠. 풍경을 가리고 도시 흐름을 끊고.

　　서울의 건축적 지향점은 어디입니까? 메타시티예요. 최근에 제가 '인문 도시'라고 번역했어요. 대도시를 메트로폴리스^Metropolis라고 하는데, 메트로가 라틴어로 어머니를 뜻해요. 메트로폴리스는 성장과 팽창이 전제가 된 도시예요. 그래서 아들 도시도 생기고 위성도시도 생기죠. 이게 커지면 메가폴리스가 됩니다. 거대 도시가 되는 거예요. 근대 도시는 성장과 팽창을 목적으로 했는데, 그 결과 도시에서의 삶이 행복해졌습니까? 도시의 성장과 팽창에 대해 다시 생각해야 해요. 프랑스 사회학자 프랑수아 아쉐^Francios Ascher가 《도시의 미래, 메타폴리스》라는 책을 썼어요. 메타폴리스는 메트로폴리스에 대항하는 도시예요. 성장과 팽창이 아니라 지속과 연계의 가치를 지향하는 도시를 메타폴리스라 했어요. 내적인 질의 함양을 위한 도시, 연대하는 도시, 공존하는 도시예요. 아까 말했듯 서울은 산과 강이 있어서 서양의 도시를 답습할 수 없어요. 내적인 연계와 공존, 질적 함양이 전제가 되는 게 서울에 가장 어울려요.

　　그런데 메타폴리스가 아니라 메타시티라고 하셨는데. 조금 닫힌 공간을 폴리스라고 해요. 그것을 보편적 가치를 지향하는 시티라는 개념으로 바꿔서 메타시티라 했는데, 서울에 딱 어울리는 단어가 아닌가 생각해서 쓰고 있습니다.

"저는 건축을 통해 사람을 바꾸고
세상을 바꿀 수 있다고 믿는 건축가입니다"

설계하실 때 창조적 영감은 어디서 얻으십니까? 아무래도 건축 기행일까요? 책과 여행도 중요하지만 가장 중요한 건 그 건축이 서는 땅입니다. 건축은 항상 맨 처음에 땅을 받아요. 건축은 제품을 생산하듯 미리 만들어 놓는 게 아니잖아요. 건축주를 만난다고 해서 시작되는 게 아니에요. 반드시 땅을 만나야 해요. 땅을 조사하기 시작하면 언어가 생겨요. 그 땅의 언어죠. 역사도 다르고 지리적 조건도 다르니까 그걸 분석하다 보면 엄청나게 많은 해법들이 있어요. 집을 지으러 터를 보러 가면 땅이 이야기를 해요. 그 땅은 자기가 어떤 건축이 되고 싶어 하고, 어떤 도시가 되고 싶다고 이야기해요. 땅이 하는 이야기를 가만히 듣고 있으면 거기에 해답이 다 있어요. 그렇다고 땅이 하는 얘기를 듣는다고 가만히 귀를 기울이는 건 아니고, 그 땅에 관한 여러 가지 문서나 기록들을 찾아봐요.

작업은 어떻게 하시죠? 전부 손으로 합니다.

컴퓨터는 사용하지 않으세요? 컴퓨터로 도면을 그리는 건 직원들이 해요. 스케치를 해서 주면 도면을 만들어 와요. 그럼 거기에 다시 스케치를 하고 피드백을 주는 거죠.

굳이 손을 고집하시는 이유가 뭔가요? 컴퓨터를 할 줄은 알지만 컴퓨터는 버튼만 누르면 스케일이 마음대로 늘었다 줄었다 하잖아요. 스케일에 혼란이 와요. 손으로 해야 이게 한 묶음이면 몇 미터다, 이런 걸 확실히 알 수가 있어요. 스케일을 유지하기 위해서라도 컴퓨터보다 손으로 그리는 게 훨씬 확실해요.

대신 고쳐 그릴 때 지우는 번거로움이 있지 않습니까? 지우면서 생각이 되잖아요.

선생님이 설계하시는 집하고 비슷하네요. 사유의 과정이 필요하니까요.

그런데 건축이 뭐라고 생각하세요? 우리 존재 자체가 건축이라고 할 수 있어요. 하이데거가 그랬죠. 우리는 거주함으로써 존재한다고. 저는 그 말에 동의합니다. 우리 존재를 가장 효과적으로 지속시키고 안정시키는 유일무이한 매체가 건축이라 할 수 있어요. 인간은 건축을 떠나서는 존재할 수 없어요. 건축을 통해서 우리 삶이 지속될 수 있고, 건축을 통해서 우리 삶이 안정될 수 있어요. 그러니 건축은 자기의 지속과 안정을 위해서, 자기뿐만 아니라 가족과 사회 공동체가 지속되고 안정될 수 있는 유일무이한 수단이라고 하는 겁니다. 결국 건축은 거주하는 사람의 존재 자체라고 할 수 있습니다.

그럼 좋은 건축의 요건은 뭐죠? 좋은 건축이 되기 위해서는 첫째로 그 땅에 맞아야 해요. 건축은 현실의 땅과 불가분의 관계예요. 땅마다 고유한 성격과 장구한 역사의 흔적을 가지고 있어요. 이런 공간적, 시간적 성격이 땅의 특수한 조건을 만들고, 지리적, 역사적 컨텍스트를 가지게 된 땅을 우리는 '장소'라고 불러요. 장소의 성격을 제대로 반영한 건축이 바른 건축이에요. 둘째로 건축이 수행되는 목적이 있는데 그 목적에 맞아야 해요. 학교는 학교다워야 하고 교회는 교회다워야 하며 집은 집다워야 하죠. 또 하나는 건축이 서는 시대의 정신을 표현해야 해요. 고고학자들이 고건축지를 발굴하고 환호하는 까닭도 그 시대의 상황을 정확하게 복원할 수 있는 기회를 얻었기 때문이잖아요. 그 시대에 가장 적합한 공법과 재료와 양식으로 지어야 바른 건축이 돼요. 장소성, 합목적성, 시대성, 이 세 가지가 좋은 건축이 되기 위한 가장 중요한 요소입니다.

세 가지 요소에 부합하는 선생님의 대표작을 꼽아 주신다면? 없습니다. 앞으로 나오기를 희망하지만 이제까지 한 것으로 봐서는 무망할 수 있어요. 실수투성이니까요. 다만 기억해야 하는 프로젝트는 있습니다. 수졸당이죠. 제 이름을 걸고 한 첫 프로젝트이기 때문에 제가 얼마만큼 와 있는지를 알려면 수졸당은 반드시 기억해야 해요.

가장 아쉬웠던 건축은 뭔가요? 전부 다죠. 우열을 가릴 수 없습니다.

그런 말씀을 하시면 지금 그 공간에 살고 있는 분들이 듣기에는 좀 서운할 텐데요. 그 사람들은 제 건축에 자기들의 삶을 덧대어 가면

현암玄庵
경상북도 군위, 2012

서 완성하고 있는 거니까 불편하면 그 사람들이 고쳐서 더 편하게 만들겠죠. 그건 그 사람들 몫이지 제 몫이 아닙니다.

건축을 하시면서 건축하기를 잘했다 싶었던 때는 언제인가요? 김수근 선생님 문하에서 마산 양덕성당을 설계했을 때예요. 양덕성당이 지어졌을 때 제가 스물일곱 살이었어요. 완성이 되고 나서 거기를 가 봤는데, 여공처럼 보이는 사람이 슬픈 얼굴로 성당에 들어갔다가 한참 후에 나올 때 다시 마주쳤는데 얼굴이 피어 있었어요. 얼굴에 평화가 가득했어요. 아, 이건 그 건축이 이 사람을 치유한 거예요. 확실해요. 그래서 그때 정말 건축하길 잘했구나, 하는 생각을 했어요.

정말 그 건축 때문이었을까요? 저는 건축을 통해서 세상을 일부라도 바꿀 수 있다고 믿는 건축가입니다. 제 건축을 통해서 사람을 바꾸고 있다고 생각해요. 사람들이 제 건축을 통해 좀 더 행복하고 선하게 되어서 사회의 공동적 가치를 높이는 게 제 소망입니다. 제가 건축을 성직이라고 말하는 건 그래서예요.

젊은 날의 건축과 만년의 건축을 비교하면 무엇이 어떻게 달라졌습니까? 젊을 때는 주제가 선명해도 설명할 도구가 부족했어요. 지금은 주제어를 보완할 테크닉이 늘었고, 주제어 하나를 가지고 다른 것과 연관 지어서 네트워크를 만드는 법을 알게 되었어요. 전에는 집을 하나 설계하고 나면 거기서 끝이 났는데, 지금은 다른 각도에서 쳐다보고 다른 입장에서 리뷰를 하니까 옛날보다 설계가 좀 더 완전해질 수 있는 여건이 되어 간다고 할까요. 그럼에도 불구하고 항상 실수해요.

건축가에게 있어 최고 걸작은 70대에 나온다고 하던데, 왜 그럴까요? 건축은 자기 성찰적인 작업이에요. 건축가가 첫 번째로 하는 일이 평면도 만드는 일이에요. 평면도를 볼 수 있는 자는 신밖에 없어요. 집을 잘라 놓고 위로 올라가서 봐야 보이는 그림이니까요. 건축가에게 그럴 자격을 줬다는 건 건축가 스스로 자신을 신의 위치까지 올리라는 거예요. 자기를 객관화하고, 자기를 항상 경계 밖으로 추방해야 이 그림을 그릴 수 있어요. 달리 말하면 다른 사람의 삶에 관한 방법을 조직하는 일인데, 다른 사람 입장에서 조직해야지 자기가 사는 방식을 강요하면 안 돼요. 결국 자기를 떠나야 하는 거죠. 경계 밖은 고독하고 쓸쓸하고 외로우니까 누가 밖에 서려고 하겠어요. 젊을 때는 쉽지가 않아요.

선생님의 꿈은 뭔가요? 오래 사는 겁니다.

왜죠? 오스카 니마이어가 105살까지 살았으니까 그때까지 살면 조금 더 좋은 건축을 만들 수 있지 않을까.

오스카 니마이어가 브라질의 수도 브라질리아를 계획한 것처럼 도시 하나를 통째로 설계하고 싶지는 않으세요? 작은 집 하나도 도시로 만들 수가 있어요. 작은 집 하나에도 도시성을 집어넣어서 설계할 수 있어요. 크고 작은 프로젝트는 있겠지만 귀하고 덜 귀한 프로젝트는 없어요. 거기에 사람이 사는 한 모든 사람의 생명이 귀하고, 한 사람의 생명이나 백 사람의 생명이나 제게는 똑같아요.

마지막으로 다시 김수근 선생에 대해 묻겠습니다. 김수근 건축과 승효상 건축은 무엇이 다릅니까? 시대가 다르죠. 그 시대는 독재와 전체주의적 시대이고, 사회에 관심을 가지면 잡혀가는 시대니까 건축 자체의 미학적 입장에 빠질 수밖에 없었어요. 지금은 그때보다 훨씬 더 열린사회가 되어서 미학보다는 윤리와 관계라는 문제가 굉장히 커진 시대예요. 많은 사람이 요구를 하고 있어요. 그 요구에 대응해 주는 게 건축이 지닌 시대적 사명이라고 봐요. 지금의 사명과 그때의 사명이 다릅니다.

선생님 건축에도 미학은 있을 텐데요. 그 미학을 가급적 배제하려고 합니다. 저는 윤리가 더 중요하다고 이야기하고 있으니까요.

김수근 선생이 별세한 나이를 훌쩍 넘기셨습니다. 어떠세요, 김수근 선생을 넘어섰다고 생각하시나요? 결단코 생각하지 않아요. 앞으로도 영원히 못 넘을 수밖에 없고요. 살아 계신다면 싸워서 넘겠지만 돌아가셨는데…… 그건 불가능한 일입니다. 넘고 싶었는데 돌아가셨으니까. 더 이상은 할 수 없는 일이에요.

정말 지독한 현실주의자이십니다. 건축은 현실의 땅을 디디고 섭니다. 땅은 엄청나게 현실적인 대상이에요. 그래서 저는 현실주의자여야 하고, 현실주의일 수밖에 없어요. **ɓ**

履露齋
IROJE architects & planners

06 빈자의 미학

1996년 승효상은 자신의 건축관을
담은 《빈자의 미학》을 펴냈다.
미건사에서 발행한 이 책은
현재 절판되었으며 중고 서점에서
고가에 거래되고 있다.
《빈자의 미학》 일부를 실었다.
편집 방식이나 외래어 표기법 등은
1996년 초판을 준용했다.

승효상 쓰다

Texts and Works 1 승효상

빈자의 미학

Beauty of Poverty
Seung H-sang

**Alberto Giacometti가 디자인한 Samuel Becket의
'고도를 기다리며'의 1961년 파리 Odéon극장 무대 장치 모습**
쟈코메티는 이 무대를 훗날 회상하며 이렇게 얘기했다.
'그것은 한 그루 나무라거나, 나무와 달이라고 여겨졌다.
우리는 밤새도록 그 나무를 가지고 조금 더 크게 만들기도 하고
조금 더 작게 만들기도 하고, 혹은 그 가지를 더욱 가냘프게 만들기도
하였다. 그러고는 우리 둘은 서로에게 말했다. '글쎄⋯⋯'
(DIALOGUE IN THE VOID: Beckett & Giacometti Matti Megged 지음, 1985)

빈자의 미학

......

파수꾼이여, 밤이 어떻게 되었느뇨?

파수꾼이여, 밤이 어떻게 되었느뇨?

파수꾼이 가로되,

아침이 오나니

밤도 오리라

네가 물으려거든 물으라

너희는 돌아올지니이다 *(이사야서 21:11-12)*

어떤 잘 조직된 사회에는 그 사회를 지탱하는 그 시대의 정신이 있기 마련이며, '시대정신'은 그 사회의 문화 창조를 주도하는 이념을 가리킨다. 이 문화 창조를 주도하는 이념이 느슨해지고 중심은 상실되어 설명하기 어려운 파편적 현상만이 만연할 때 그 시대의 그 사회는 세기말을 맞는다. 지금까지도 일본을 지탱케 하는 무사도, 미국을 만든 청교도 정신, 영

A.Giacometti(1901~1966)의 '광장을 건너는 사나이, 1949'
분명한 형상의 이미지를 가지지 않은 채 무작정 흙을 떼어 내는
그의 작업을 두고 이렇게 이야기한다. '참으로 힘에 차 있음으로
가시적인 세계를 덮어 버리거나, 얼어붙게 하거나,
기이한 침묵으로 던져 버린다. 혹은 너무도 깊어서
말과 소리로 깨뜨릴 수도 없거니와 사물을 보는 방법조차 바꿔 버린다'
(GIACOMETTI, Charles Juliet 1986)

국과 동의어 개념이 된 신사도 혹은 중세의 기사도 등, 무릇 그 시대가 최고의 가치로 치는 이념 아래서 그들은 그들의 독특한 문화를 일구며 그들의 전통과 삶의 방식을 오늘날까지 전해 오는데, 우리 조선 오백 년을 버티게 한 우리의 선비 정신은 불행히도 우리의 지금에 전해져 있지 않다.

92년의 공간학생건축상의 주제는 '우리의 시대정신을 조명한 소규모 도시 건축'이었다. 그 출제와 심사를 담당한 나는, 많은 출품작 가운데서 한 학생의 작품을 발견하고 나의 오래된 질문에 다시 빠질 수 있었다. 그 판넬은 침묵의 메타포로 가득 차 있었는데, 나는 그 학생의 작품을 읽으며 막스 피카르트의 말을 기억해 내었다.

"살아 있는 침묵을 가지지 못한 도시는 몰락을 통해 침묵을 찾는다."

아기자기한 내부의 공간을 자폐적인 정도의 무표정으로 거리의 아우성에 대항한 그 침묵의 벽은, 침묵으로 그 거리에 서 있는 한 그 거리는 몰락하지 않을 것이라는 확신을 가질 수 있었음이다.

그 학생이 인용한 사무엘 베케트의 대사.

"말하기를 원치 않는다는 것, 네가 무엇을 말하기를 원함을 알지 않는다는 것, 네가 무언가 말하려 생각함을 말할 수 없다는 것, 그리고도 말하기를 그칠 수 없다는 것 혹은 더욱 더 힘들게도 그 일을 마음속에 간직

秋史 김정희(1786~1856)

55세가 되던 해에 멀고 먼 제주도에의 유배길을 떠난 추사에게
지나온 삶이 행복이었을까 절망이었을까.
아니면 절해고도에서의 고독이 체념이었을까 새로움이었을까.
秋史體의 미학에 대한 논의 이전에 그의 삶의 반전적 드라마는
무한한 감동을 던져 준다.

할 수 없다는 것……"

《Molloy》, 1955.

를 읽으며 쟈코메티가 디자인한 베케트의 희곡 '고도를 기다리며'의 무
대 장치를 떠올린다.

앙상한 한 그루의 나무와 어스름한 달빛……

1961년 파리 오데옹극장에서 막을 올린 이 연극 무대는, 그것이 비록
희곡 '고도를 기다리며'의 내용을 압축하여 시사하였다 하더라도, 그것은
쟈코메티와 동일 선상에 있는 정신세계이었을 것이고, 바로 그의 삶에 대
한 긴장임이 틀림없을 것이다.

쟈코메티의 조각은 그것이 참으로 세장하고 유약한 구조를 지니고 있
음에도 가슴 조이는 긴장과 엄청난 힘을 느끼게 한다.

그 빈곤하기 짝이 없는 몰골의 조상에서 어떻게 해서 그러한 힘을 느끼
게 하는가. 그리고 그것이 왜 나에겐 그토록 아름답게 느껴지는가.

나는 이와 유사한 아름다움을 추사체의 글씨에서도 느낀다.

추사의 글씨는 한 자 한 자가 결코 아름답다고 얘기할 수 없으나 그 글
자들이 모여서 이루는 글의 아름다움은 여느 글씨와 비할 수 없다.

추사체를 만들기 전, 어릴 적부터 신동으로 중국에까지 그 학문과 서

Joseph Maria Olblich의 Secession관, Wien(1989)

아돌프 로스가 이들 분리파주의자들의 미의식에 대해 비난했다
하더라도 이들의 새로운 시대에 대한 의식의 발견은 중요한 가치를
지님을 부인할 수 없다. 이 Secession관 입구 위에 새겨진 명귀
'Der Zeit Ihre Kunst, Der Kunst Ihre Freiheit'는
그들의 시대정신이었으며, 그 정신은 근대를 여는 실마리가
되었음도 인정해야 한다.

예의 빼어난 기량을 인구에 회자시켰던 김정희의 글씨는 한 자 한 자가 훌륭한 비례감과 교본적인 양감을 가졌으나, 그의 제주도 유배 8년의 생활이 부귀와 영화가 보장하여 준 그의 빼어난 글씨를 끝내는 지우게 하였다. 그러나 그 유배지의 처절한 고독에서 발견한 스스로에의 의식이 새로 쓰는 글씨를 그의 맑은 혼으로 쓰게 하였고, 추사체는 드디어 독보적 경지를 내보이며 탄생한다.

그 글씨에는 극도의 긴장이 자간을 넘나들며 공간을 지배하고 송곳으로 친듯한 한 획마다에 파열할 듯한 힘이 솟구침을 느끼게 된다.

이것을 우리는 왜 아름답다고 하는가.
이념의 미학이라고 누가 이야기한다.
그러하다. 이것은 그의 의지의 진실됨이며 정신의 아름다움일 것이다.
이 정신은 공허에 대한 침묵이며, 절제이며, 또한 진정한 언어이다.

멕시코의 건축가 루이스 바라간에게 그가 구축한 벽은 노스탤지어이며, 그 벽으로 한정된 공간은 침묵이다.
그가 이야기하길
"고독함과의 친밀한 관계 속에서만 인간은 스스로를 발견한다. 고독은 참 좋은 반려이며 나의 건축은 그것을 두려워하거나 피하는 이에겐 부

**Luis Barragan(1902~1988) 1964년작, Cuadra San Cristobal,
Los Clubes, 멕시코 교외**
바라간은 그가 1980년에 받은 프리츠커상의 수상 연설에서
그의 건축에 대한 몇 가지 키워드를 얘기했다.
종교와 신화, 아름다움, 침묵, 고독, 평온, 기쁨, 죽음……
그의 건축에 나타난 벽면은 이러한 것들을 한정하기 위한 것일 뿐,
그 자체는 별 의미로운 것이 아니다.

적절한 것이다."

부유한 집안에서 태어나 남부럽지 않은 교육을 받은 그가 그의 죽음에
까지 가져간 그의 고독과 그로부터의 침묵은 멕시코의 이글거리는 태양
과 거친 평원과 스스로와 무슨 관계를 가지고 있었을까.

알바로 시자가 '팔메이라 수영장'에 세운 몇 개의 벽으로 빚은 침묵은
포르투갈의 권태스러움과 어떤 관계를 가지며 그것은 대립인가, 그야말
로 변용의 한 방식인가.

젊은 건축가 존 포슨과 클라우디오 실버스트린이 숨어 버린 공간은 소
위 자초한 빈곤의 표상인가, 아니면 참을 수밖에 없는 존재의 무거움인가.
젊은 그들은 도대체 왜 침묵하는가.

적어도 이들은 건축의 주변을 서성이지 않으며 본질의 문제와 중심에
대한 확신이 그들이 가고자 하는 바요 또한 이것은 우리의 시야에 쉽게 나
타나지 않는다는 것을 충분히 알고 있음이라.

이들이 나타내는 바는 어쩌면 미니멀적 표현의 한 부분으로 느껴질 수
도 있다. 고도로 농축된 밀도의 정신세계를 최소한의 표현 속에 가두어
버리는 그러한 미니멀리스트의 기계음은 그것으로 한계 지을 수밖에 없

Alvaro Siza(1933~)의 Palmeira 수영장
포르투갈은 만성적 빈곤에 싸여 있는 정체된 국가이다.
그들은 영화로운 과거로부터 어쩌면 깊은 침묵 속에 빠져 있는지도
모른다. 시자는 그 빈곤을 리얼리티로 받아들여
스스로의 건축을 통해 변용할 뿐이라고 한다.

는 장르에 갇힌다.

그러나 우리의 예술가 수화 김환기가 그린 미니멀적 그림 속에는 아득한 옛 서정이 퍼져 있고, 이미 그것은 기계음의 한계를 극복하여 있다.

뉴욕에서 이방인의 삶을 같이 살았던 몬드리안의 눈에 비친 뉴욕의 밤거리 풍경과, 불법 체류자로서 고독한 삶을 살 수밖에 없던 수화의 눈에 맺힌 이방 뉴욕의 밤거리는 'Boogie-Woogie'와 '우리가 어디서 무엇이 되어 만나랴'만큼 다른 것이다. 몬드리안의 접근이 한계음을 갖는 반면 수화의 그림에는 그가 찍은 무수한 점처럼 그 한계가 없음을 느낀다.

나는 그 수화의 그림에서 현대 건축이 봉착한 한계 — 미로를 빠져나갈 탈출구를 발견하게 되는 것이다.

나는 이를 '빈자의 미학'이라 부르기로 한다.

빈자의 미학.

여기에선, 가짐보다 쓰임이 더 중요하고, 더함보다는 나눔이 더 중요하며, 채움보다는 비움이 더욱 중요하다.

그 몇 가지 단상

투시도에서 표현되는 것은 건물의 형태와 배경으로서의 짙푸른 하늘

Piet Mondrian(1872~1944) '브로드웨이 부기우기'
1943년 뉴욕에서 그린 만년의 대표작

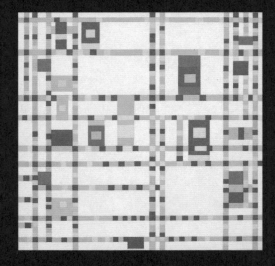

이다. 주변의 정황은 무시되어도 좋으며, 있다 하여도 나타내고자 하는 대상을 위할 뿐이다. 건물이 높을수록 그리고 위엄이 있을수록, 조소적 일수록 그 투시도는 더욱 멋있게 된다.

반면, 조감도에서는 대지 속에 건물의 위치를 그려야 하며 나머지 부분을 도로와 어떤 용도를 그려야 하고, 주변 대지와의 관계를 그리지 않을 수 없고 도로와 만나는 모습을 나타내어야 하며, 그 속에서 사는 방법을 그려야 한다. 높이 올라가면 갈수록 건물의 모습은 보잘 것 없이 그려지나 주변과의 관계는 더욱 넓게 표현된다.

투시도의 방식이 전근대적이고, 전체주의적이며 독선적이라면, 조감도의 방식은 민주적이며 타협적이다.

투시도는 구호적이고 선동적이나, 조감도는 설명적이고 연역적이다. 투시도에서 보이는 것은 화려하고 현란한 오브제로서의 건축이며 그 속에서의 삶은 감춰져 있다. 그러나 조감도에서는 삶의 형태를 그려야 화면이 채워지며, 그 삶의 모습이 다양할수록 그 그림은 더욱 아름다워질 수 있다.

우리의 도시는 거의 다 투시도의 그림으로 채워져 있음을 지적하지 않을 수 없으며, 이러한 거리에서 우리의 삶이 제대로 표현되어 있을 리 만무하다.

사회가 불안정한 격변기에 처해 있거나, 독재자가 군림하는 시대에서는, 극단적 감정 이입을 목적으로 더욱 환상적인 투시도가 필요하게 되며,

金煥基(1913~1974)가 그의 만년인 1970년 뉴욕에서 그린
'어디서 우리가 무엇이 되어 다시 만나랴'
그의 초기 작품은 새가 날고, 달무리 지고, 아이가 보이고 하는
그런 서정이었다. 그가 뉴욕이라는 이방의 풍토와 대립하면서
그가 겪어야 했던 고독의 틀이 그를 과거와 절연시켰을까.
그는 그의 작품 노트에 이렇게 적고 있다.
"아무 생각 없이 그린다. 생각한다면 친구들 그것도 죽어 버린 친구들,
또 죽었는지 살았는지 알 수 없는 친구들뿐이다.
서러운 생각으로 그리지만 결과는 아름다운 명랑한
그림이 되기를 바란다…… 1972. 9. 14."

그러한 투시도에서 비롯된 건축은 사실을 은폐시키고 그 속의 삶을 왜곡시켜, 결국은 불구적 형태로 사회를 마비시킨다.

그것은 마약이나 알코올 중독처럼 비윤리적이다.

도시 속의 건축, 건축 속의 도시

도시가 다양한 삶의 집합체라면, 건축 역시 그 삶의 한 공동체이다. 그 삶이 단속적이지 않은 것 같이 건축 역시 도시에 대해 닫혀 있지 않아야 한다.

도시와 건축이 서로에 열려 있을 때 그 삶의 매트릭스는 끊기지 않으며, 가장 작은 유니트에서 거대한 우주의 넓이까지에로의 확장된 삶을 가질 수 있다.

그 매트릭스 속에서, 주어진 토지가 정의되어야 하며 그 안에 세워지는 벽들은 그 삶의 한 과정만을 한정할 뿐이다.

영역의 담을 허는 것, 남겨진 공간을 도시에 내어 주는 것, 그 속으로 도시의 길을 연장시키는 것 등등은 그러한 열려진 삶을 이루는 첫 번째 방법이다.

반기능

우리가 지난 몇십 년간 교육받아 온 '기능적'이라는 어휘는, 그 기능적 건축의 실현으로 얼마나 많은 사람들의 삶을 피폐화시켰는가.

Alberto Campo Baeza(1946~)의 Gaspar House
자코메티를 사숙하는 듯한 그의 건축 언어는 '빛'과 '공간',
그 속에 구축된 '이상', 그로 인한 '본질적 건축'이다.
그 역시 작고 적은 것을 통해 더욱 크고 많은 서정을
불러일으키려 한다.

보다 편리함을 좇아 온 삶의 모습이 과연, 실질적으로 보다 편안한 것인가.

살갗을 접촉하기 보다는 기계를 접촉하기를 원하고, 직접 보기보다는 스크린을 두고 보기를 원하고, 직접 듣기보다는 구멍을 통해 듣기를 원하는 그러한 '편안한' 모습에서 삶은 왜 자꾸 왜소해지고 자폐적이 되어 가는가.

우리는 이제 '기능적'이라는 말을 다시 검증해야 한다.

더구나 주거에서 기능적이라는 단어는 우리의 삶의 본질마저 위협할 수 있다. 적당히 불편하고, 적절히 떨어져 있어 걸을 수밖에 없게 된 그런 집이 더욱 건강한 집이며, 소위 기능적 건축보다는 오히려 반기능적 건축이 우리로 하여금 결국은 더욱 기능적이게 할 것이다.

무용의 공간

어떤 공간이 다목적이든 단일 목적이든 그러한 목적을 가진 공간은 그것이 주어진 시간 내에 성취되는 것이라면 그 시간이 지난 후 그 공간은 블랙박스에 갇혀 있게 되며, 갇혀 있는 동안 우리의 삶과는 전혀 관계하지 않을 수 있다.

딱히 쓸모없어 이름 짓기조차 어려운 그런 공간은 건축의 생명력을 길게 하며, 정해진 규율로 제시할 수 없는 우리의 삶의 모습을 다양하게 만든다.

그러한 공간이 많을수록 더욱 다양한 삶이 그 안에 담기게 되고, 그 다양함이 어떤 시스템에 의해 엮어지면 그 공간은 시퀀스를 가지고 삶의 드

한옥과 일본집
한옥과 일본 전통집에서의 부분 파사드 구성
같은 동양이라고 하더라도 일본인과 우리 한국인의 미의식은
확연히 다르다. 나는 이 두 그림을 통해서 그 형식의 의미보다는
그 형식을 낳게 한 의식을 지적코자 한다. 자의적인 절제가 언제든지
한계를 가지는데 비하여 무의식 절제는 그 한계를 두지 않는다.
어쩌면 그것은 숙명이다.

라마를 만든다.

그 드라마는 그 공간의 레이어링이 많을수록 더 많은 반전과 감동을 자아낼 수 있을 것이다.

쓸모없는 공간, 예를 들어 우리네 '마당'은 참 좋은 예가 되며, 생활의 중심이나, 관상의 상대일 뿐인 이방의 마당과는 달리, 우리의 마당은 생활뿐만 아니라 우리 사고의 중심이며, 우리로 하여금 우리의 공동체를 발견케 하는 의식의 공간이다.

이를 '무용의 공간' 이라고 하자.

침묵

벽체들은 이러한 공간들을 한정할 뿐이다.

이들 자체로는 존재하지 않으나, 세워져 있다면, 형태 이전의 목적을 가진다.

벽체를 과장하는 것은 그 속에 만들어진 공간을 일그러뜨리는 것이다. 혹은 잘못된 삶의 형태를 이끌기도 함에 위험하지 않을 수 없으며, 그 자체만으로는 아무런 의미가 없다.

우리의 도시와 가로엔 얼마나 껍데기일 뿐인 그러한 벽체들로 뒤덮여 있는가. 일그러지고 비틀어진 형태, 시뻘겋고 시퍼런 색깔, 현란한 불빛, 각종 악취와 소음…… 온갖 저열한 상업적 속성과 우스꽝스러운 졸부들

금호동 달동네
없음으로 나눠 쓸 수밖에 없는 이 가난한 사람들의 삶에서
우리가 얻을 수 있는 삶의 교훈, 건축적 교훈은 너무도 많다.

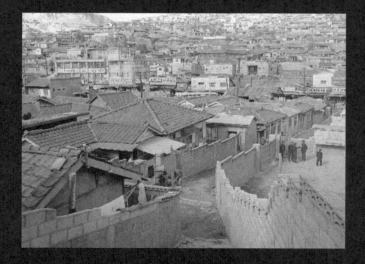

의 가면으로 나타난 이 거리의 파편적 풍경을 향해 우리가 전달해야 하는 메시지는 무엇인가. 침묵이 참으로 가치 있고 의미 있음을 그들에게 전하여야 함을 믿는다.

침묵의 벽.

비록 소박하고 하찮은 재료로 보잘 것 없이 서 있지만, 그 벽은 적어도, 본질의 문제를 안으며 중심을 상실하지 않는, 아름다운 영혼을 가진 건축가들이 쌓은 벽이며 결단코 쉽게 허물어지지 않을 것이다.

이 시대 우리의 건축은 과연 어떠한 것인가.

다시 스스로에 묻는다. **b**

가진 재산을 다 동원하여
보다 새롭고 행복한 삶을 꿈꾸는
이들에 대해, 건축가가 더욱 새롭고
행복한 꿈을 꾸지 않으면 그 집은
죽은 집이며 그는 그들을 배반한
꼴이 된다. 그럼에도 가끔 건축하는
일이 고단하여 나의 게으름과
비겁함을 내가 용서하고 있을 때,
랭보는 항상 나를 향해 묻는다.
'당신은 건축을 왜 하는지 아는가.'

《건축, 사유의 기호》中

'젱이'들의 고집스러움이 있었던 시절에는 비록 물질적으로는 비교했지만 정신은 풍요로웠고 건강했었습니다. 이제 다시 젱이들이 필요한 때입니다.

비록 불합리도 가득 찬 현실이라고 하더라도 돌아가신 김수근 선생의 말처럼,

'으으으 깔따귀도 청조는 팔지 맙시다. 현실이 시궁창 걸음수록 우리의 땀 읽은 더욱 땅이지며, 그 현실에 몸을 더럽혀 좌절하기에는

건축가라는 성직이 지극히 매력적인 것입니다.

〈건축가 되기 원하여 설계 사무소에 들어간 후배들에게〉, 《월건 건축문화》, 1991. 2. 中

우리는 이제 '기능적'이라는 말을 다시 검증해야 한다.
더구나 주거에서 기능적이라는 단어는 우리의 삶의
본질마저 위협할 수 있다. 적당히 불편하고,
적절히 떨어져 있어 걸을 수밖에 없게 된 그런 집이
더욱 건강한 집이며, 소위 기능적 건축보다는
오히려 반기능적 건축이 우리로 하여금 결국은
더욱 기능적이게 할 것이다.

───

《빈자의 미학》 中

청주한다는 것은 땅에 삶의 흔적을 남기는 일이며

기억을 저층하는 과정이다. 그러나 우리에게 땅에

남겨진 기억은 새로운 역사를 창조하기 위해

사라져야 하는 폐습이고 구악이었으므로,

우리는 항상 기억상실을 강요받았으며, 따라서

우리 모두 터무니없는 삶을 살고 있다. 과거란

지나가 있는 것일지니, 그냥 지나간 것으로만 안다.

《지문 地文 landscript》中

모든 도시와 건축은 사라지게 마련이다. 세운 지역 영광을 나타내기 위해
아무리 튼튼하게 지었다고 해도, 중력의 힘에 의해 반드시 건축과 도시는
무너지고 만다. 때로는 경제적 이유로 붕괴되기도 하고, 때로는 지역재해로
혹은 테러로 사고로 모두 무너져 결국은 땅의 표면 위에 가라앉아 사라지고 만다.
영원한 것은 우리가 같이 그곳에 있었다는 사실이며 그 기억만이 진실한 것이다.

〈오래된 것들은 다 아름답다〉中

나는 건축이 사람의 형태를
바꾼다고 믿는다. 다시 말하면
좋은 건축은 좋은 삶을 만든다.
좋은 건축이란 무엇인가.
적어도 우리 인간의 선하고
진실되며 아름다움이 끊임없이
확인될 수 있는 바탕이며
우리의 세계가 그로 인해
진보될 수 있는 지혜이다.

《지혜의 도시 지혜의 건축》 中

REFERENCE

김수근, 《좋은 길은 좁을수록 좋고 나쁜 길은 넓을수록 좋다》, 공간사, 1992.
김수근문화재단, 《당신이 유명한 건축가 김수근입니까》, 공간사, 2002.
배형민 외, 《4·3 그룹 구술집》, 마티, 2014.
배형민 외, 《전환기의 한국 건축과 4.3 그룹》, 집, 2014.
배형민, 《감각의 단면》, 동녘, 2007.
서수경, 《프랭크 로이드 라이트 - 자연을 품은 공간디자이너》, 살림출판사, 2004.
승효상 외, 《서울의 재발견》, 페이퍼스토리, 2015.
승효상, 《urban void》, 도서출판 건축과 환경, 2002.
승효상, 《건축, 사유의 기호》, 돌베개, 2004.
승효상, 《건축이란 무엇인가》, 열화당, 2005.
승효상, 《노무현의 무덤》, 눌와, 2010.
승효상, 《빈자의 미학》, 미건사, 1996.
승효상, 《승효상 도큐먼트》, 열화당, 2015.
승효상, 《오래된 것들은 다 아름답다》, 컬처그라피, 2012.
승효상, 《지문地文 Landscript》, 열화당, 2009.
승효상, 《지혜의 도시 지혜의 건축》, 서울포럼, 1999.
승효상, 《파주출판도시 컬처스케이프》, 기문당, 2010.
윤장섭, 《서양근대건축사》, 기문당, 2004.
이관석, 《건축, 르코르뷔지에의 정의》, 동녘, 2011.
이관석, 《르 코르뷔지에》, 이관석, 살림, 2006.
진중권, 《진중권이 만난 예술가의 비밀》, 창비, 2015.
천장환, 《현대 건축을 바꾼 두 거장》, 시공아트, 2013.
힐러리 프렌치(최윤아 譯), 《건축의 유혹》, 예담, 2003.
대한건축사협회, 《추모특집 - 여천 김중업 선생을 추모하며》, 《대한건축사협회지》, 1988.
정인하, 《한국의 건축가: 김수근》, 《대한건축사협회지》, 1995.
조인철, 《한국의 건축가: 김중업》, 《대한건축사협회지》, 1997.
이종건 외, 《건축비평집담 2016 - 승효상》, 《건축평단》, 2016. 6.
조우석, 《승효상의 세상을 바꾸는 집 짓기》, 《여성중앙》, 2014. 6.
한기흥, 《우리시대의 거장, 스승을 말하다 - 건축가 승효상》, 《월간중앙》, 2014. 5.
강병국, 《한국의 명건물, 구 제주대 본관》, 《경향신문》, 1985. 1. 22.

김문, 〈[김문이 만난 사람] '빈자의 미학' 20년 건축가 승효상〉, 《서울신문》, 2013. 1. 3.
김진영, 〈인간이 교회를 짓지만, 결국 교회가 인간을 바꾼다〉, 《크리스천투데이》, 2012. 3. 5.
민동용, 〈건축가 승효상, 달동네 골목길서 사람냄새 나는 공간을 찾다〉, 《동아일보》, 2011. 11. 26.
백승찬, 〈20년 전, 건축계 4·3그룹을 아시나요?〉, 《경향신문》, 2014. 12. 23.
손택균, 〈[나의 건축을 말한다] 승효상의 공주 '전통불교문화원'〉, 《동아일보》, 2009. 11. 4.
안재형, 〈승효상 총감독, "선함과 아름다움 진실함이 곧 디자인이다"〉, 《매일경제》, 2012. 4. 5.
오승훈, 〈건축의 사회적 책임을 묻다〉, 《한겨레21》, 2012. 12. 10.
윤민용, 〈노 前 대통령 묘역 공간 디자인한 건축가 승효상〉, 《경향신문》, 2009. 8. 4.
이광표, 〈400평 공간에 펼쳐진 '건축가 승효상'전〉, 《동아일보》, 2002. 8. 30.
이명희, 〈"건축물의 공공 가치 더 높여야 하는 사람은 건축가"〉, 《경향신문》, 2016. 1. 11.
이진영, 〈폐공장 건물에 서린 김중업의 혼, 예술로 돌아오다〉, 《동아일보》, 2014. 3. 26.
임광명, 〈[영성과 깨침의 보금자리, 종교 건축을 보다] 부산 구덕교회〉, 《부산일보》, 2009. 12. 26.
박건형, 〈건축가의 발자취를 느끼다, 르코르뷔지에〉, 《건설경제》, 2014. 10. 1.
손석원, 〈서울의 건축, 그 가치를 위한 '서울건축선언'〉, 《건축문화신문》, 2013. 9. 1.
허성준, 〈200여 년 걸어온 貧者, 승효상의 새로운 행보〉, 《조선비즈》, 2013. 7. 27.
허성준, 〈서양 건축 1대 유학파, 김중업은 누구인가〉, 《조선비즈》, 2013. 7. 13.
허성준, 〈한국 현대건축의 견인차, 김수근은 누구인가〉, 《조선비즈》, 2013. 7. 20.

ISSUE 1
이어령 李御寧

ISSUE 2
김부겸 金富謙

ISSUE 3
심재명 沈栽明

ISSUE 4
이문열 李文烈

ISSUE 5
최재천 崔在天

ISSUE 6
고은 高銀

ISSUE 7
엄홍길 嚴弘吉

ISSUE 8
안희정 安熙正

ISSUE 1 이어령 이어령 선생은 문학, 언론, 교육, 행정 등 다방면에서 활동하며 탁월한 업적을 남겼습니다. 그에게 세상은 부재의 표상입니다. 이어령 선생은 내일을 사는 사람입니다. 이어령을 읽어야 할 이유가 여기에 있습니다.

ISSUE 2 김부겸 김부겸 전 의원은 진보와 보수, 호남과 영남의 경계에서 외로운 싸움을 해 온 한국 정치사의 경계인 境界人입니다. 소속감을 느끼지 못하고 경계를 맴도는 현대인들에게 그의 삶이 치유의 계기가 되기를 바랍니다.

ISSUE 3 심재명 명필름 심재명 대표는 〈공동경비구역JSA〉, 〈건축학개론〉 등 작품성과 상업성을 두루 갖춘 영화를 제작했습니다. 심 대표는 성공의 원동력으로 결핍과 열등감을 꼽습니다. 부족함을 채워 나간 그의 삶을 들여다봅니다.

ISSUE 4 이문열 이문열 작가는 대중성과 예술성을 겸비해 우리나라 최고의 작가로 꼽힙니다. 《사람의 아들》, 《우리들의 일그러진 영웅》, 《평역 삼국지》 등 저서는 3천만 부 이상 팔렸습니다. 그의 삶과 작품을 근대사에 비추어 봅니다.

ISSUE 5 최재천 최재천 국립생태원장 · 이화여대 석좌 교수는 자연 과학과 인문학을 넘나들며 통섭을 실천하는 대표적인 사회생물학자입니다. 그의 삶과 함께 인간의 유래와 새로운 인간상, 살아 있는 것들의 아름다움을 살펴봅니다.

ISSUE 6 고 은 1958년 등단한 고은 시인은 이제까지 1500여 권의 저서를 낸 다산성의 시인입니다. 한국의 시인이자 아시아의 시인, 세계의 시인인 고은 시인의 전생과 현생을 추적하고 대표작을 엄선해 담았습니다.

ISSUE 7 엄홍길 엄홍길 대장은 세계 8번째로 히말라야 14좌 완등에 성공했습니다. 22년 동안 38번 도전하면서 18번 실패했고, 후배 6명과 셰르파 4명을 잃었습니다. 그의 산 이야기를 통해 우리 삶의 의미를 다시 생각합니다.

ISSUE 8 안희정 안희정 충남도지사는 역사의 진보를 믿는 진보주의자이자 민주주의자입니다. 이념, 제도, 사상이라는 세 단계로 민주주의를 경험한 그는 '더 좋은 민주주의'를 주창합니다. 다시 민주주의를 생각합니다.

biography 바이오그래피 매거진은 한 호에 한 인물을 다룹니다. 전권에 걸쳐 명사의 삶과 철학을 입체적으로 조명합니다. 흥미로운 인물 이야기와 감성적인 그래픽이 어우러져 쉽게 읽을 수 있습니다. 타인의 삶에 우리를 비추어 봅니다. 사람을 배우고 세상을 배웁니다.

정기 구독 안내

정기 구독을 하시면 정가의 10% 할인 및 행사 초청 등의 혜택을 받으실 수 있습니다. 구독 기간 중 저희 출판사에서 발행되는 단행본 한 권을 함께 보내드립니다. 아래 계좌로 구독료를 입금하신 뒤 전화나 메일로 도서를 받으실 주소와 이름, 연락처를 알려주십시오. 결제일 기준으로 다음 호부터 잡지가 발송됩니다.

- 1년 54000원(10% 할인)
- 1년 4회 발행
- 신한은행 100 030 351440
- 예금주 ㈜스리체어스

구독 문의

02 396 6266
contact@biographymagazine.kr